小さなことからコツコツと

西川きよし自伝

文藝春秋

目次

装丁　観野良太
写真提供　吉本興業、時事通信、文藝春秋写真資料室

はじめに

二〇二三年で芸能生活六十周年を迎えました。

十七歳の冬、大阪は道頓堀にある文楽座の前で、弟子入りを志願するために師匠たちの出待ちをしていた日々をいまでも思い出します。

ありがたいことに石井均《きん》先生の弟子にしていただき、その後、先生の勧めで吉本新喜劇に入団しました。

やはり、芸人としての転機は横山やすしさんとの出会いでした。漫才などやったこともないド素人の私を、やすしさんは、よく相方に誘ってくれたものだと思います。あの出会いがなければ、今日の西川きよしはありません。

その後、参議院選挙に出馬して、議員としても活動させてもらいました。

芸能生活六十周年を迎えるにあたって、ふと人生を振り返ってみました。

すると気づいたのは、本当に多くの方々との出会いで、私の人生は支えられてきたということです。ここに書ききれないほど数多くの方々に支えていただき、ここまで来られました。本当に皆様のおかげです。

このご縁に感謝して、少しでも恩返しさせていただくためにも、数々の出会いを書き残しておこうと思いました。それが、この本です。

「自伝」と銘打ってはありますが、偉人でもなんでもない私のことですから、大袈裟な内容ではありません。

妻のヘレンとの出会い、横山やすしさんとコンビを結成したいきさつ、政治家の先生方との思い出など、人生で初めて明かす内容も少なからず書いてあります。

どうか気楽な気持ちでお手にとっていただけたらと思います。

西川きよし

第一章

弟子入り志願

昭和38年（1963年）、石井均に弟子入りし、翌年、吉本新喜劇に移籍。

東京オリンピックを二年後に控えた昭和三十七年の日本は、戦後の復興から高度成長期に移行し、猛烈な勢いで経済を拡大させていた。海外では核戦争の寸前まで進んだキューバ危機があり、国内では堀江謙一が小型ヨット「マーメイド号」で世界初の単独無寄港での太平洋横断航海に成功するなど、話題に事欠かない一年ではあった。

あくる年の寒さ厳しいある日。大阪・道頓堀にある「文楽座」の楽屋口に、一人の少年が思いつめた表情で立っている。少年の名前は西川潔、当時十六歳。

昭和二十一年に高知市で生まれ、小学校二年の時に父親の借金を理由に一家で大阪に逃れてきた。高校に進学したい気持ちはあったが、苦しい家計がそれを許さない。やむなく中学卒業と同時に自動車整備工場に見習工として就職したが、作業中の事故で全治四カ月の大やけどを負った。整備工場に行くことに極度の恐怖心を持つようになった西川少年は、進路の変更を余儀なくされる。

そして、後述する紆余曲折の末に「お笑い」の世界を目指す決意をした彼は、その日の午前九時、思いつめた表情で文楽座の楽屋口に佇むことになったのだ。

昭和三十八年二月のその朝は、例年以上に寒さが厳しかった。その後、漫才師として日本のお笑い界の頂点に立つ「芸人・西川きよし」誕生の朝だった。

石井均先生に弟子入り志願

「すみません。弟子にしていただきたいのですが……」

哀願する私に対して、

「ああ、ごめんね」

と答え、その男性は足早に建物の中に立ち去っていきました。

その間わずか五秒か十秒。

現在のように養成所での研修やオーディションを経てデビューするという仕組みが確立されていなかった当時、芸人にしても俳優にしても、あるいは歌手にしても、芸能の世界に入りたいと考えた多くの人が、同じようなやり取りを経験したことでしょう。

そして、「ごめんね」という反応に落胆し、芸能界入りをあきらめて別の仕事に就いた人も少なくないはずです。

しかし私は、あきらめるわけにいかなかった。この弟子入り志願がかなわなければ、もうあとがなかったのです。

ミヤコ蝶々さん、藤田まことさん、白木みのるさんに佐々十郎さん。四人の憧れの大スターに立て続けに弟子入りを志願して、すべて断られている私は、「これが最後の挑戦」と決意して、石井均先生の門を叩いたのです。

大分・豊後高田出身の石井先生は、若いころからの旅回りを経て、昭和三十三年に東京で「石井均一座」を立ち上げた生粋の喜劇役者。その一座には戸塚睦夫さん、伊東四朗さん、財津一郎さんら、のちの大スターも在籍していました。この時、「松竹家庭劇」の看板役者を務めていた石井先生は、日本を代表する喜劇役者の一人として君臨していたのです。

最後の砦として石井先生に入門志願した私は、すごすごと引き下がるわけにいきません。「家庭劇」の舞台を終えて会場を出て来るまで、石井先生を待つ覚悟でした。舞台は昼の部の後に夜の部があります。終演が午後九時として、風呂に入って着替えた石井先生が会場を後にするのは九時半か十時になるはず。お金があれば客席で芝居を観ることもできるけれど、当時の私にそんな余裕はありません。劇場近辺をただただ歩き回って時間を待つしかないのです。

夜まで待ったからといって、入門が許されるというものでもないことは分かっています。それでもあきらめることが許されない状況の私は、その日から毎日、文楽座に日参し、朝と夜に楽屋口に立って待っていました。そして二月の寒空の下、毎朝九時から夜の九時過ぎまで、劇場近辺を歩き回ったのです。

「いくたまさん」（生玉神社＝生國魂《いくくにたま》神社）で、私がまだ自動車整備工場で働いていると思い込んでいる母親の作ってくれたドカ弁を半分食べると、また歩く。法善寺横丁の水掛不動にお参りして、パチンコ屋から流れてくる北島三郎さんの「なみだ船」を聴きながら、ただ歩く。名前は知らないが水飲み場がある公園があって、そこで残しておいた弁当の半分を食べて水道の水を飲み、また歩く……。

そして夜の九時過ぎに楽屋口で、出て来る石井先生を待ち構えます。

しかし、私の懇願に対して返ってくるのは、石井先生が発する「ああ……まだいたの、ごめんね」の一言だけ。

それでも石井先生の芝居は一カ月興行なので、朝晩合わせて約六十回は弟子入り志願のチャンスがあります。私は毎日楽屋口に立って、お出迎えとお見送りを続けていました。千穐楽《せんしゅうらく》のあとのことは考えず、とにかくこの一カ月間は楽屋口に通いつめ、道頓堀界隈を歩き続ける覚悟だけで行動していたのです。

文楽座の中で見た「芸能」の世界

その思いが通じたのか、通い始めて九日目の二月九日だったと記憶しています。私は石井先生の計らいで文楽座の中に入れてもらうことが許されました。

楽屋口を入ると、そこにはまさに初めて見る「芸能」の世界が広がっていました。まず目に入ったのが「着到板《ちゃくとうばん》」。これは言ってみればタイムカードのようなもので、劇場によってタイプが異なります。会場入りした時に自分の名前の書かれた札を返して掛ける（赤字から黒字へ）ところもありますが、当時の文楽座の着到板は出演者の名前が並んで書かれてあって、楽屋入りの時に自分の名前の上に白い竹の棒を押し込む形式でした。

楽屋口には「頭取さん」と呼ばれるおじさんが陣取っています。本来は劇場全般のこまごまとしたことを取り仕切る「庶務課長」のような役職なのですが、朝は「警備役」として楽屋口に立っている。そして役者が到着すると、

「おはようございます。今日もよろしくお願いします！」

と挨拶し、それぞれに割り当てられた楽屋へと案内する係を兼ねているのです。

当時、家庭劇の舞台では時代劇がかかっていたのでしょう。鬢《びん》付け油や白塗りの水白粉《みずおしろい》、女優さんたちの香水やコロンの香り、さらには大道具さんの作ったセットから放たれる木の香りが混然一体となって、「芸能界の匂い」として私の鼻腔を強烈に刺激してきたことを覚えています。それだけで私は胸がいっぱいになり、陶酔し、体の奥底から言いようのない暖かさが込み上げてくるのを感じていました。

石井均師匠との出会い

その後は石井先生の楽屋に入れてもらえるようになりました。それどころか、石井先生がお弟子さんたちと住み込んでいる松竹の寮への出入りも許してくれるようになったのです。寮には石井先生一門のほか、松竹家庭劇を率いていた曾我廼家十吾《そがのやとおご》先生ご夫婦や、二枚目として鳴らした高村俊郎先生らが、それぞれのお弟子さんを引き連れて住み込み生活を送っていました。

洗面所兼調理場のようなところで、料理を作ります。といっても所詮子どもの手料理なので大したものは作れません。簡単なおかずを作って、あとはご飯と味噌汁程度のものですが、石井先生も兄弟子もそんな質素な料理を食べてくださいました。あとで分かったのですが、石井先生は大変な倹約家で、弟子だけでなく自分の食事にもお金をかけない主義だったのです。

昼は、文楽座から歩いて五分ほどの「黒門市場」に買い出しに行きます。これも「安さ」を第一に考える石井先生の教えによるものなのですが、近所に「浪速の台所」と呼ばれる安くて何でも揃う市場があったのは、いま思うとラッキーなことといえるでしょう。

いまでもよく覚えているのは、夏の昼飯のこと。石井先生は「オバケ」（尾羽毛）というクジラの尾びれをうすく切って冷やし、酢味噌であえたものが大好物で、美味しそうに食べるのです。何とも不思議な気分でその光景を眺めていたものです。

私も母親の台所仕事を思い出しながら、少しずつオリジナルの料理を作ってみたりもしました。イワシの中にちくわやごぼう天をハスに切って入れて、刻み生姜を加えて砂糖と醤油で煮つけにする、という西川家の家庭料理も作ったりして、石井先生や兄弟子に喜んでいただいたこともあります。

こうして私は、いつの間にか、まさに「何となく」、石井均先生の弟子の一人に加わっていたのでした。

反対しなかった母親と父親

私が晴れて石井均先生の弟子になったことを家族に打ち明けたのは、弟子入りが「何となく」許されてから十日ほどが経ってからのこと。その時の母親の驚きようといったらありませんでした。

「毎朝あんなに早う出かけていたのに……」

自動車整備工場では私はまだ「ぼんさん（見習工）」だったので、先輩の使う道具を揃えたりするために、本来の始業時刻よりもずっと早くに出勤する必要があったのです。工場をやめたからといってその生活までやめたら、家族に不審に思われてしまいます。私はバレないように、早朝六時半の出勤を続けていたのです。

そして弟子入りが認められ、給金はないものの衣食住の心配がなくなったところで、ようやく打ち明けた、というわけです。

母親は驚きこそしたものの、反対はしませんでした。

「あんたがそんなにやりたいなら、お父ちゃんに話してみるわ」

と、好意的に受け入れてくれたのです。

父親のほうは元々「高校進学をあきらめてくれ」と言っていたくらいなので、反対する理由などありません。「頑張れよ」と励ましてくれました。給金はないとはいえ、一人分の生活費が浮くわけですから、当時の西川家にとってこれは願ってもない朗報だったのです。

弟子の日常

毎晩、舞台が終わると先生は楽屋の風呂に入ります。弟子の私は背中を流すと先に出て、あとから出て来る先生をバスタオルを広げて待っている。そして、着替えを手伝ってから寮に帰るのです。

その寮で石井先生は八畳か十畳ほどの部屋に一人で、そして兄弟子の高田さんと私は、先生の部屋とふすま一枚を隔てた三畳の小さな部屋に二人で寝起きしていました。石井先生の部屋には小さな白黒テレビがあって、先生はそのテレビを観ながらお酒を召し上がります。よく深夜番組をご覧になっていたのを覚えています。

「何でもいいから酒の肴を作れ」

と言われて、よく作ったのが卵と玉ねぎを炒めたもの。子どものころから台所で母親が作るのを見て何となく覚えた料理です。卵がない時にはメザシなどの乾きものを出しました。生ものを出して万一食あたりにでもなって舞台に穴をあけたら一大事ですので。

劇場でも弟子は忙しく立ち働きます。夏場には食堂などが出前の時に使う「岡持ち」に、冷やしたタオルと手鏡、化粧直しのためのヘラ、パフ、ドーランなどを入れて舞台の袖で待機します。汗でずれたかつらを短い時間で直し、乱れた髪や化粧を直して、再び舞台へと送り出す。いい匂い、もっと言えば「芸能界の匂い」がするタオルを師匠に手渡す作業は、それだけで胸をときめかせるものがありました。

「芝居を観るのが報酬」

なし崩しのように弟子入りしてしまった私ですが、それでも石井先生から労働条件のようなものを事前に伝えられていました。それは、「休みなし、給金なし」というもの。もとより私はそんなことは覚悟の上だったので、不満を持つことはありませんでした。

弟子として先生の身の回りの世話をするようになって何カ月かが過ぎ、どうにか楽屋仕事にも慣れてきたころ、舞台袖で先生が私にこう囁いたのを覚えています。

「ここ（舞台袖）から十吾先生や俺の芝居を観るのがお前への報酬だ。よーく見ておけ。細かい所作をよく見て、気づいたことを手帳にでも書いておくんだ。将来必ず役に立つぞ」

先生のこの言葉を、いまでも心に刻み、噛みしめています。本当にありがとうございました。

憧れの芸能の世界には入ったものの、無休無給の〝見習い〟扱いの日々が続く。それを承知で弟子入りした西川だったが、師匠の石井均は気が気ではなかった。

「できることならもっといい役を付けてやりたい……」

そんな親心から、石井は西川に吉本興業への転籍を命じる。

吉本といえば、昭和三十八年七月に、それまで洋画専門館だった「千日前グランド劇場」を「なんば花月劇場」に換え、またその前年には東映の封切館だった「京都花月劇場」も演芸場に転換していた。それに先立つ昭和三十四年にはうめだ花月がオープン、そして昭和三十六年に東京証券取引所に上場していた吉本興業は、この時期、「大阪の吉本」から「日本の吉本」へと急成長を遂げようとしていた。

そんな大きなうねりの中で、芸人として初めて「給金」をもらう生活に変わった西川は、ここで過去に弟子入りを熱望した人物との再会を果たす。

師匠の紹介で吉本へ

弟子入りから一年二カ月が過ぎたころ、私は吉本新喜劇に移籍することになりました。師匠である石井先生の紹介による移籍です。

入門から一年が過ぎても、なかなかいい役が回ってこない。上には兄弟子もいるので当然なのですが、当時の私の役といえば端役も端役でした。

それでも初舞台が決まったことを家族に知らせた時は、大喜びしてくれました。特に父親の喜びようは大変なもので、当時自分が使っていた腕時計を左腕から外して、「祝いだ」と私にプレゼントしてくれたほどです。

「坊や（私のこと）にはなかなか役が回ってこないな。兄弟子でさえ大した役が付かんのやし……」

私のことをそう気にかけてくれていた石井先生は、大変ありがたいことに、吉本新喜劇に紹介してくれたのです。

ペーソスのある舞台の松竹家庭劇や松竹新喜劇に対して、吉本新喜劇はドタバタ劇。同じ「喜劇」でもまるで性格が異なります。ただ、当時の吉本の勢いは目覚ましいものがありました。昭和三十四年に「うめだ花月劇場」が開場し、毎日放送の舞台中継も始まって、その人気はうなぎのぼりでした。

「エンタツ・アチャコ」からコンビ別れした後のエンタツ先生がコンビを組んだ、杉浦エノスケさんという漫才の先生がいました。エノスケ先生は松竹の舞台では「お爺さん役」をやっていたのですが、石井先生と仲の良かったエノスケ先生に私を紹介してくださいました。私はその紹介状を持って、当時心斎橋にあった吉本興業の本社を訪ねます。

応対してくれた課長さんは、手紙を一読するとこう言いました。

「なんば花月に行きなさい。新喜劇の皆様に挨拶をしてきなさい」

年上の後輩・坂田利夫さん

初任給は六千円（手取り五千四百円）でした。当時の大卒初任給が二万円くらいだったので安月給ですが、それでも舞台を観て勉強することだけが報酬だった家庭劇時代とは大違いです。しかも、最初こそ「通行人A」の役でしたが、一年後には「通行人B」が登場する。坂田利夫さんが入ってきたのです。

坂田さんは私より五つほど年上ですが、この世界では入門した順番で序列が組まれます。私は貴重な〝後輩〟ができたことが、とてもうれしかった。

ただ後輩ができたからといって、役者としてよりも付き人としての仕事がメインであることに変わりはありません。早起きをして部屋の掃除をして、鏡を磨くなど細かな作業を積極的にやりました。周囲からの頼まれごとは何でも引き受けたし、頼んでもらえる存在でありたいとも思っていました。

芸人にとっての最大の敵は「不安」でしょう。特に当時の私のような、吹けば飛ぶような駆け出しの芸人にとって、将来はおろか「明日」の保障さえない毎日は不安の連続です。

松竹家庭劇は一カ月単位の芝居だったので、とりあえずその月の生活は保障されますが、吉本新喜劇は十日興行です。「明日から来なくていいよ」と言われる危険性が、家庭劇の三倍の確率で訪れることになるのです。香盤表《こうばんひょう》（出演者一覧）は十日ごとに発表されます。新しい香盤表を先輩方の楽屋に届けに行く時、自分たちの名前が載っているか、コソッと盗み見るのですが、私と坂田さんは、心臓が破裂しそうなほどの緊張感を強いられたのでした。言い換えれば、そんな厳しい日々を共に過ごしたこともあり、坂田さんとは先輩後輩という関係ではなく、「戦友」のような関係が醸成されていきました。

白木みのる師匠との再会

当時の新喜劇の看板役者といえば、白木みのるさんと平参平さん。この二人は「てなもんや三度笠」に出演していたこともあり、桁違いの集客力を誇っていました。

吉本に移籍して数カ月後、私は白木みのるさんの付き人にならないかと声をかけていただきました。

すでに書いた通り、私は石井均先生の門を叩く前に、白木さんに弟子入りを申し出て断られた経緯があります。白木さんはそのことを覚えていてくださいました。

「君は一度、弟子にしてくれ言うて来たことあるな」

「はい！　そうです」

この会話をきっかけに、私は白木さんに随分可愛がってもらいました。当時まだ日本に入ってきて日の浅い「コカ・コーラ」をご馳走になったこともあります。白木さんと一緒に飲んだコーラの味は、いまも忘れられません。そして、白木さんの計らいで「てなもんや三度笠」にクマの着ぐるみを着て出演させてもらったあたりから、私の芸人人生は大きく動き出すことになるのです。


吉本興業に移籍した西川だったが、すぐにブレイクすることはなかった。給金こそ出るようにはなったが、主な仕事は師匠の身の回りの世話ばかり。舞台に上がる時はクマの着ぐるみを着ているので、それが西川であることは客にはわからないし、そもそも客は西川という新人芸人を知らない、という日々が続いていた。

しかし、そんな西川に、芸人としてではなく「男」として大きな転機が訪れる。恋人ができたのだ。

相手は芸人としての先輩で、本来なら手の届かない、いや、手を出してはならない存在の人気女優。にもかかわらず、二人が急接近できたのは、まさに偶然の産物だった。その女優が体調を崩さなければ、その時の仕事場の近くに西川の住まいがなければ、二人はいまも「姉さん」「キー坊」と呼び合う上下関係のままだったことだろう。
しかし西川は、偶然降りかかってきた幸運を、しっかりと摑んで離さなかった。そして
ここから、芸人としても一気に頂点へと駆け上がることになるのだ。

ヘレン姉さんとの急接近

私が吉本に入る五カ月前に、一人の金髪碧眼の女性が入団しました。五カ月とはいえ先輩は先輩なので、私はその女性のことを「ヘレン姉さん」と呼び、彼女は私を「キー坊」と呼びます。読者諸賢お察しの通り、いまの女房・西川ヘレンのことで、当時彼女は「ヘレン杉本」と名乗っていたのです。

舞台での場面は違えど、彼女のセリフは毎回同じです。
「ワタシガイジンヤカラ、ニホンゴ、ワッカリマセーン」
青い目の女の子（年齢は私より三カ月下）が、コテコテの関西弁で放つギャグに、割れんばかりの大爆笑が起きます。

ヘレンはアイルランド系アメリカ人の父と京都生まれの母の間に生まれた一人娘。京都にある佛教大学の系列校・華頂《かちょう》女子高校を中退してすぐに吉本に入社し、「スチャラカ社員」の四

代目女性事務員役として人気急上昇中の若手女優でした。

彼女は想像を絶するほどの苦労人です。小さなころから、歌、踊り、タップダンス、英語、ピアノを習う才女ですが、周囲からは偏見の目で見られることが少なくなかったのです。周囲には戦争で家族を失った人たちもいましたから、外見だけで「敵国の少女」と見られてしまう。傷痍《しょうい》軍人の募金にお金を入れようとしたら手を叩かれて、「お前の金などいらん」と怒鳴りつけられたこともあったといいます。子どものころからそんな苦労を経験しているだけに、自分の努力で独り立ちしたいという向上心が誰よりも強かったのです。

もちろん、そんな彼女の苦労話を当時の私は知る由もありません。後になってお付き合いするようになってから少しずつ知ることになるのですが、たった五カ月の入社の差なのに、「通行人A」から「クマの着ぐるみ」に昇格して喜んでいる私の目に、彼女が眩しいばかりの大スターに映っていたのは確かです。

そんなある日、うめだ花月の稽古場でのこと。私は吉本の偉い人から呼ばれてこう言われました。

「西川、お前の家でヘレンをちょっと休ませてやってくれんか」

聞けば、ヘレン姉さんは扁桃腺を腫らしているものの病院に行くほどではない、とのこと。稽古場から一番近くに住んでいる私の家で、一晩面倒を見てやってほしいというのです。

当時、私の父親はモータープール（駐車場）の管理人をしており、その管理事務所に一家で住んでいました。六畳間と十畳間の二部屋で、六畳間に両親、十畳間に子どもたちが暮らしています。吉本に移ってからは私も住み込みではなく〝通いの身〟だったのです。

私はうれしかった。売れっ子女優に自分の実家で療養してもらえるのもさることながら、会社の上層部が下っ端の私を「西川」と名前で呼び、しかも私の実家がそこから近いところにあることまで知っていてくれたことに感動しました。

断る理由などありません。私は四十度の熱に苦しむヘレン姉さんをタクシーに乗せると、ワンメーターの距離のところにある実家に連れて行きました。

普段テレビで観ている女優さんが突然やって来た我が家は、上を下への大騒ぎです。私はとりあえず十畳の部屋に彼女を寝かせ、父親は氷枕と氷を買ってきてカチワリを作り、母親は「おかゆさん」をこしらえて梅干しを添えて彼女に食べさせる。そうこうするうちに姉や兄らが帰ってきて、総勢七人の西川家は、六畳間にまさにすし詰め状態で一夜を明かしたのです。

翌朝、ヘレン姉さんは熱も下がって、家族一同ひと安心。そこに彼女のお母さんが生八つ橋を手土産に、京都から迎えにやって来ました。

ヘレン姉さんは母一人娘一人の母子家庭ですから、我が家のように狭い家に七人もの家族が暮らす姿に驚いたようです。それでもそこに「家族の温かみ」のようなものを感じたようでもありました。特に彼女は私の姉たちとすぐに打ち解けて、仲良く話をしている姿が印象に残っています。一人っ子の彼女には私の姉が「お姉さん」のように思えたのでしょう。そんな姿を見て、私も喜びを隠せないでいました。

この一件以来、ヘレン姉さんとの間は急速に近づいていきます。先輩後輩の間柄は変わらないものの、細かなことが少しずつ変わっていったのです。

「牛乳二本とパン二個」

朝、姉さんの楽屋を訪ねて、

「おはようございます」

と挨拶をする。以前だったら、

「おはよう。キー坊、牛乳とパン買《こ》うてきて」

となるところが、

「牛乳二本とパン二個買うてきて」

に変わったのです。

もちろん増えた「一本」と「一個」は私の分。彼女との距離が近づいた喜びもありましたが、恥ずかしながら「一食浮く」という喜びのほうが大きかった。次第に私も厚かましくなり、二人の間では百円を借りたり返したり、ということも……。人気コメディエンヌと付き人のような関係が急速に縮まり、いつしか呼び方も「姉さん」から「ヘレン」へと変わっていく。自然な流れで二人の仲は深まっていきました。

職場結婚を嫌う吉本のこと。まして売れっ子女優の人気が下がることは何としても避けたいところです。二人の間にあった高い障壁は、いつしか二人の将来に立ちふさがるようになっていました。

それでも若い二人にはその壁を乗り越える覚悟がありました。西成にアパートを借りて、同棲を始めたのです。

アパートの名前は「熱海荘」。六畳一間のささやかな愛の巣でした。

第二章

勤労小学生

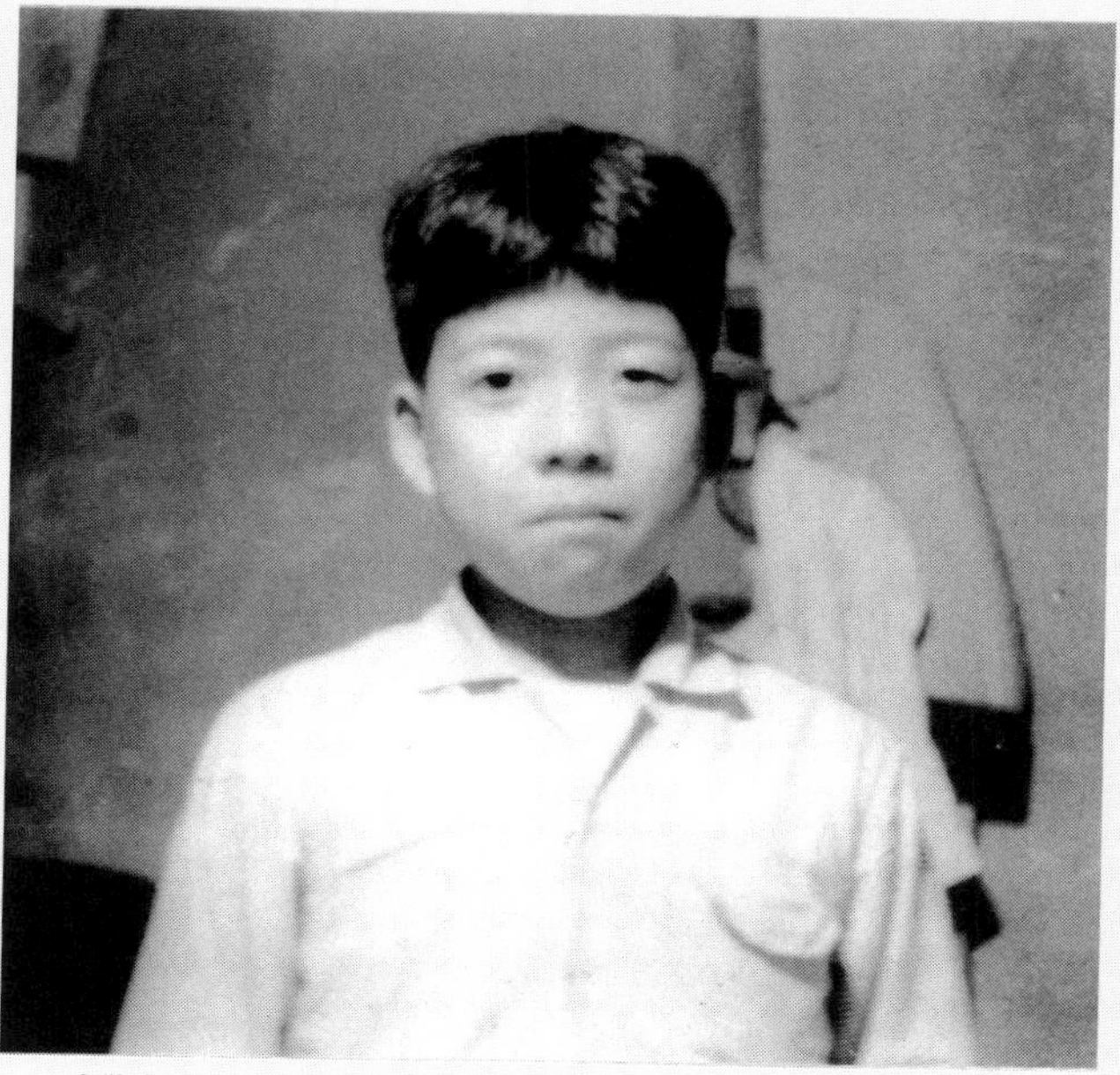

小学校２年生の時、高知から大阪に転居。アルバイトで家計を助ける。

前章で弟子入りから愛妻との出会いまでに触れたが、本章では幼少期にさかのぼる。西川潔（本名）が人気芸人「西川きよし」に成長できたのには、このころに育まれた逞しさと持ち前の機転の良さが大きく寄与しているからだ。

昭和二十一年十一月三日、日本国憲法が公布され、本格的に「戦後ニッポン」が動き出したこの年の七月に、西川潔は生まれた。五人きょうだいの末っ子として、潔は子どものころから周囲を見て自分の立ち位置を確認し、進むべき方向を決める性格を持ち合わせていた。

小学校二年生の時、それまで順調だった父親の仕事が傾き出し、夜逃げ同然で高知から大阪へ転居する。そこでも貧困の手に支配された西川家にあって、潔は積極的に働き、そのわずかな報酬を家計に入れることを厭《いと》わない子どもだった。

高校には行きたいが、家計がそれを許す状況にないと知ると、きっぱりあきらめて中卒での就職を決意する。そして、そこで負った不慮の事故から「芸能」の世界へと舵を切ることになるのだが……。

高知県高知市朝倉で、材木店を営む父・西川義道とその妻・清意《きよい》にとって五番目の子として私・潔が生まれたのは、戦後の傷跡が色濃く残る昭和二十一年七月二日のことでした。

女、男、女、女と続いた後の末っ子の男の子ということもあり、周囲からはとても可愛がられたようです。私自身は正直言って、小さかったころのことはあまり覚えていないのですが、あまり泣かない子どもだったことは確かなようです。土佐弁でいう「いごっそう」、つまり〝きかん坊〟として成長していきました。

父親は幼いころに、子どものいない夫婦のもとへ養子に出ました。そして養子に入った後にその夫婦に子どもができる、という経験をしています。よく「養子をもらうと子を授かる」と言いますが、父親はそれを養子の立場で経験したのです。

父親の会社が傾いて……

私が生まれた当時の西川家は、それでもまだ人並みの暮らしを送れていたようですが、その後急速に家計は傾き始めます。それは父親の経営していた会社が苦しくなったからでした。

父親の会社は高知市の中心地、地元のチンチン電車・とさでんの「グランド通」という電停の近くにありました。といっても、私は父親の会社の業務内容をはっきりと覚えていません。というのも、私が七歳の時、昭和二十八年には倒産してしまったからです。

時には子どもにとって見たくない光景を目にすることもありました。借金取りが自宅まで押しかけてきて、父親の胸ぐらをつかんで「金返せ！」と怒鳴っているのです。あの光景を見た時は、子ども心にも「我が家が窮地に立たされている」という事実を理解し、震え上がったのを覚えています。とはいえ、まだ小学校に上がったばかりの私は、働きに出るわけにもいきませんでした。

はりまや橋の洋食屋さん

そんな子ども時代にも、一つだけ「明るい記憶」があります。時期ははっきりしないのですが、「外食」に連れて行ってもらった思い出が残っているのです。

父親はいつも「三菱シルバーピジョン」というスクーターで会社に出かけていたのですが、一度その後ろに乗せられて、はりまや橋の近くにある洋食屋さんに連れて行ってもらったことがありました。そこで私は生まれて初めてオムライスを食べて、ミルクセーキを飲んだのでした。

何しろ当時の西川家の食卓に上がる「ご飯」は、中央に太くて黒い線が入った〝麦飯〟だったので、あのオムライスの衝撃はいまも忘れることができません。オレンジ色のチキンライスを包み込む柔らかい玉子焼き。赤いケチャップソースがかかっていて、その上にはグリーンピースが三つ載っていました。当時の私にとって、あれはまさに夢のような料理であり、いまでも鮮明に思い出すことができるのです。

しかし、そんな楽しい思い出はほかになく、その後、西川家は家財道具を売り払い、這《ほ》う這《ほ》うの体で大阪市港区に転居します。

私が八歳の時でした。

大阪市立市岡小学校の二年生に転入した潔は、学校が終わると働きに出て、自分から稼ぐ手立てを考え出して販路開拓を実現する。たかだか小学二年生の子どもが「商売」を真正面から、真剣に考えていたのだ。

潔のそうした持ち前の発想力は、いずれ漫才師になって花開くのだが、それはまだ先の話となる。

岡田青果店でアルバイト

私は大阪に移ってからすぐに働きに出るようになりました。当時の仕事は、八百屋さんの手伝いと新聞販売の補助です。

大阪市港区で、いまも「韋駄天《いだてん》さんの商店街」として愛されている繁栄商店街は、当時は「繁栄市場」と呼ばれていました。その中にあった岡田青果店は、店主と奥さんの夫婦二人で切り盛りする八百屋さんです。私は学校の授業が終わると、まっすぐその八百屋さんに向かい、前掛けをして店頭に立つのです。

「山は山でもトマトが安いよ〜！」

なんて適当な節をつけて売り声を上げていると、主婦としても「子どもが頑張っているんだから買ってあげよう」という意識が働くのでしょう。大阪のお母さんたちには、よく買っていただいたものです。

店主のおじさんは真面目な堅物で、子どもだからといって甘やかすことはありません。ちょっと売り声が小さいと、「しっかり声を出さんか！」と叱られることもしばしばでした。それでも帰りがけには売れ残った野菜を「持って帰り」と渡してくれる。これは貧しい西川家にとって、給金と同じくらいありがたい労働対価でした。

岡田青果店はいまはお店を閉じて、ご主人は亡くなられましたが、「岡田のおばさん」はお元気です。いまも仕事で近くに行くと寄らせてもらい、仏壇のご主人に手を合わせます。あの時は、本当にお世話になりました。

はしけを見て商売を思いつく

もう一つの「新聞販売の補助」とは、私が子どもなりにない頭を振り絞って考えたお手伝いです。

我が家の近くを大阪南港に向けて流れる「尻無川《しりなし》」という一級河川があります。その河口にはたくさんのはしけが、砂利や瓦などの「重いもの」を喫水線すれすれになるまで満載して入ってきます。山口や広島、あるいは愛媛や香川あたりから瀬戸内海を通ってやって来て、尻無川の河口で積み荷を降ろすのです。

その光景を眺めていた私は、考えました。

「あのはしけで働くおっちゃんたちは、瀬戸内海を通って、何日もかけてやって来るわけだから、ニュースに飢えているんとちゃうやろか」

私が働く岡田青果店のすぐ近くに毎日新聞の販売店がありました。私は一計を案じ、その販売店のおじさんに「新聞を売らせてほしい」と掛け合ってみたのです。前に「新聞配達をやらせてほしい」と頼んだら、「いや坊主、そんなんしたら、おっちゃんがお上から怒られる」と断られたことがありました。今度は、新聞を預けてくれたら勝手に売ってくるから、それならいいやろ、と。

私の話を聞いたおじさんは、夕刊を二十〜三十部ほど預けてくれました。

当時の夕刊は一部十円ほどで、一部売れると販売手数料として一円が私の手に入ります。二十部売って二十円、三十部全部売っても三十円です。当時は森永のキャラメルが一箱二十円の時代ですから、大した儲けではありませんが、それでもその日の儲けを持って家に帰り、母親に手渡すのが私にとっては楽しみでした。

母親を見て募った思い

母親は当時体調を崩していて、夕飯の支度を済ませると寝巻に着替えて床に臥せっていることが多かったのですが、私がお金を渡すと「ああ、ご苦労さんやったな」とうれしそうに笑ってくれる。それが私には何よりのご褒美だったのです。

体の弱い母親が、私には不憫《ふびん》で仕方ありませんでした。

父親は仕事でストレスを抱えたら、帰りに飲み屋で一杯飲んで発散できます。でも母親にはそれができない。そんな母親の姿に、悲哀のようなものを感じていました。

その時私の心に沸き上がった思いは、ある意味で私という人間の原点になりました。母親を大事にすること、女房を大切にすること、そして女房のお母さんのことをつねに考えるようにしてきたのも、当時母親を見て募った思いが土台にあるのです。

そして、「もうあのころの生活には戻りたくない」という気持ちが、私にとってとてつもなく大きなエネルギーになっていることもまた事実です。

高知から大阪に出てきた潔の父・義道は、タクシードライバーの職に就いて一家を支えることになる。一方母の清意は体が弱く、床に臥せることが多かった。母親思いの潔は、そんな母をとても大切にした。それは「男は女性にやさしくするべし」という根本的な思想が「病弱の母親との関係」の中で構築されていったからなのだろう。

母親として、潔のためにいろいろとしてやりたい気持ちはあるが、経済状況がそれを許さない。そこで苦しむ母親の心境を誰よりも知る潔は、母親以上に苦悩していたのかもしれない。

高知から大阪に出てきた時、父親は何の財産も持っていませんでした。「裸一貫」と言えばカッコいいけれど、それよりは「寒空に丸裸」と言ったほうが正しい表現と言えるでしょう。

でも、そんな父親にも一つだけ〝財産〟と呼べるものがありました。それは運転免許証です。

父親はその免許証を頼りにタクシー会社に就職し、運転手としての職を手に入れるのです。

いまのタクシーの運転手さんのシフトがどうなっているのか分かりませんが、当時の父親は一台の車をもう一人の運転手さんと交代で運転する、という形態のシフトでした。つまり、丸一日父親が運転すると翌日は父親は休んで、相棒の運転手さんがその車を運転する——という仕組みです。ドライバーは一日交代だけれども、車は休みなく走り続けるわけです。

そして、一日の仕事が終わって営業所に戻ると、車をきれいに洗って、ワックスをかけて車内の清掃をしてから、相棒の運転手さんに渡すのが決まりでした。

父のタクシー

すべての作業を終えた父親は、営業所の大きな風呂に入って汗を流してから帰ってきます。ただ、営業中にも夜に一度、父親はタクシーに乗って家に立ち寄ります。会社帰りの客がひと段落ついたところで自宅に寄って、短い時間で夕食をとってから再び出かけていくのです。

父親がタクシーで帰ってくる時刻はほぼ決まっています。サラリーマンが仕事を終えて居酒屋へ向かった後の、少し落ち着いた夜の七時過ぎごろです。そこで私は、その頃合いになると家の近所で父親の車を待ち構えていました。私を見つけると父親はタクシーに乗せてくれます。

ほんの短い距離ですが、タクシーでのドライブが当時の私にとってとてつもない楽しみでした。なにしろ当時の自動車というのは、まさに「夢の乗りもの」です。父親が家に入って夕食をとっている間も、私は車（トヨペット・マスター）の中でハンドルを回したりして遊んでいました。

ある時、お客さんの雰囲気を味わいたくて後部座席に座ったり、後部座席を外したりして遊んでいると、お客さんが落としたのであろう小銭を見つけたことがあります。それ以来私は、ハンドルを回して遊ぶよりも「小銭探し」に力を注ぐようになります。これが意外な収入になるもので、夏はアイスキャンデー、冬はたこ焼きを買い食いできる程度になることが少なくありませんでした。

一升瓶の栓づくり

母親が病弱だったことにはすでに触れました。といっても、ずっと臥せっているわけではなく、一日のうち何時間かは起きて、袋貼りや一升瓶の栓づくりなどの内職をしていました。「栓づくり」とは、日本酒や醬油の瓶に蓋をする〝栓〟の裏に、専用の機械を使ってコルクとセロハン紙をガチャンとくっつける仕事です。

母親と一緒に子どもたちも車座になってその作業を手伝います。それでも、みんなで頑張って山のように栓をつくっても、売り上げは三十円ほど。

そんな作業をしながら、母親は口癖のようにこう言っていました。

「こうしている間も、お父ちゃんは車にお客さん乗せて働いているんや。文句を言うたらバチ当たるやろ」

誰も文句など言っていないのに、母親は何度も何度も繰り返し、そう言うのでした。

子どもたちも努力しましたが、我が家の貧困ぶりが変わることはありませんでした。

車二台分に家族七人

当時の住まいは一軒家……といっても、いまの若い人が想像するような一戸建てとはまるで違います。古くて狭い平屋の家で、雨が降ると雨漏りするだけでなく、屋根に雨粒が当たって「パンパラ、パンパラ」と賑やかな音を立てます。深夜にこれが始まると、とても寝ていられるものではなく、翌日は家族全員が寝不足の状態で、仕事や学校に行くことになるのです。ある時、父親と兄がどこからかコールタールを手に入れてきて、これを屋根裏に塗って雨漏りを防ごうとしていたのを覚えていますが、残念ながら大した効果はありませんでした。

家のすぐ脇を貨物専用線が通っていて、ここを貨物列車が通ると、家の中にいてもかなりの揺れを感じます。ところがこちらは慣れてしまえば何ということもなく、平気で熟睡していました。貨物列車よりも雨のほうが嫌いだったのを覚えています。

以前、あるテレビ番組で「思い出の場所を訪ねる」という企画を組んでもらいました。当時住んでいた家の近所を歩いたのですが、建物は跡形もなくなっていました。そもそも家があった場所もはっきりしないので、当時を知るご近所の方に訊ねると、こう答えたのです。

「あんたの家は、あの駐車場の七番と八番の区画のところや」

なんと駐車場二台分のところに家族七人で住んでいたとは……。本当かどうか分かりませんが、そんなに狭かったのかと啞然としたものです。たしかに両親が寝る三畳の部屋の隣で、五人の子どもたちが「川」という字に「11」を足したような形で雑魚寝し、あとは小さな台所があるだけの家です。それが〝車二台分〟のスペースに収まっていたというのですから、人間やろうと思えば何でもできるものですね。

そでを縫い付けたカッターシャツ

そんな貧しい生活でしたが、一番強く記憶に残っているのが学校に着ていく〝カッターシャツ〟です。最初は長そでのシャツなのですが、夏になると半そでに変わります。でも、我が家には半そでのシャツを買うお金はないので、そでの部分を切って、先端を短く折り返して縫い付けて、急ごしらえの半そでシャツにしてしまうのです。

本来の半そでシャツは、そでの部分が広くできていますが、私の半そでシャツはそでの部分が妙に細くて明らかにおかしいのですが、文句は言えません。そのシャツでひと夏を乗り切ります。

しかし、もっとつらいのが秋になってからです。じつはその半そでシャツを作る際に裁ち落とした「肘から先」の部分は捨てておらず、これをタンスの引き出しから出してきて、もう一度元のシャツに縫い合わせて「長そで」に戻すのです。こうなると極めて高度な外科手術のようなものですが、シルエット上はとりあえず「長そで」に戻ります。

ただ、夏の間にシャツ本体が日に焼けて変色しているので、縫い合わせたところを境に色が違ってしまうのです。「そでの部分が茶色と白のツートンカラー」という奇妙なカッターシャツを着て学校に行くのはさすがに恥ずかしいのですが、他に着るものがないので仕方ありません。それに母親が一所懸命に縫い付けてくれたシャツですから、我慢してそれを着て学校に行くのですが、やはりからかわれました。自分でも笑ってしまうほど恥ずかしかったです。

辻和子先生との再会

お昼に食べる弁当も、私にとっては試練の時でした。

周囲の友達の弁当を見ると、黄色い玉子焼きやピンク色の〝でんぶ〟、さらには花かつおなんかが振りかけてあって、見た目にも華やかで美味しそうです。ところが私の弁当は麦飯の上に梅干しが一つと「出汁じゃこ」が二～三匹のっているだけ。そのじゃことて、出汁を取った後の〝出汁殻〟なので、味も素っ気もありません。それじゃ可哀そうだというので、母親はサッカリンの錠剤と醤油で煮しめて味付けしてくれていたのですが、それを友達の前で堂々と食べる勇気は私にはありません。母親には申し訳ないと思いながら、勉強机の引き出しに隠すようにして食べるのが常だったのです。

そんなある日、たまたま期限付きの代用教員として来ていた女性の先生から注意を受けました。

「西川君。お弁当はちゃんと机の上に出して食べましょう。そうしないとせっかく作ってくれたお母さんが可哀そうよ」

この時の先生の言葉は、私の中に非常に大きな印象を残します。

後年（昭和四十五年）、ラジオ大阪の漫才大賞を受賞した時に、「会いたい人に会える」という企画があり、その時の先生との再会を希望したところ、ありがたいことに先生を探し出してきてくれました。

先生の名前は辻和子さんといい、その時に知ったのですが、高校も大学も夜間学校を出られたという苦労人なのです。そうしたご自身の経験もあるからこそ「貧しさ」を感じ取ってくださったのでしょう。

辻先生に教わったのはわずか三カ月ほどでしたが、私にとっては紛れもない恩師です。あれから七十年近くが過ぎますが、いまもお付き合いを続けさせてもらっています。

デパートの屋上遊園地

思えば私は、アルバイトとはいえわずか八歳にして自分から働きに出たわけです。八百屋さんに行って「働かせてほしい」と頼んだり、新聞販売店に行って「新聞を売らせてほしい」と頼む八歳児もどうかと思いますが、そうせざるを得ない家庭環境だったわけで、私に限らずきょうだい全員の独立心が高かったことは確かです。

私自身もそんな子どもなので、「一人が好き」なところがありました。新聞の売り上げの一部とか、父親のタクシーの〝車内点検〟で得た十円とか二十円を持って、梅田の駅前のデパートの屋上遊園地へ一人で遊びに行くこともありました。

もちろん電車やバスには乗れません。行きも帰りも歩きです。子どもの足で何時間かかったのか、いまでは覚えていないのですが、サラリーマンの行きかう堂島のオフィス街を通って、中之島のロイヤルホテルを眺めながら歩いたものです。

屋上遊園地に着いても所持金が十円か二十円だから、ゲームをするにも一発勝負です。他の子どもたちが遊んでいるところを後ろから見て回り、考えあぐねた末に一つの機械の前に立ち、そこに全財産を投入するのです。遊びに行くというよりも、決死隊のような覚悟を持って出かけていく、不思議な子どもでした。

そして遊び終わると、来た時と同じ道をまた歩いて帰る……。その道すがら、サラリーマンはもちろん、商店街のおばちゃん、おじちゃん、いろんな大人の姿を見ていました。

第三章

夢はスポーツ選手から芸人へ

中学校でサッカー部に所属。高校進学はあきらめて、自動車整備工場で働く。

皇太子明仁親王殿下（現上皇）のご成婚で「ミッチーブーム」に日本中が沸いた昭和三十四年の四月、西川潔は中学生になった。この年は後に「岩戸景気」を呼ばれる好況に恵まれ、後楽園球場での天覧試合（巨人・阪神戦）で長嶋茂雄が村山実からサヨナラ本塁打を放ったのは六月のこと。高知から大阪に移り住んで窮乏に耐え続けてきた西川家の生活も、だんだんと安定の兆しが見えてきた。

その一方で、翌年に安保改定を控える岸信介内閣に反発して安保闘争が激化していくなど、政治的には激動の年でもあった。

夢のマイホーム

昭和三十四年、私は大阪市立三稜《さんりよう》中学校に進学します。そしてこの時期、西川家には大きな出来事がありました。大阪市住吉区に家を買ったのです。

父親の稼ぎで作った蓄えを元に、子どもたちの働きで得たお金を足して、どうにかこうにか手に入れた「五軒長屋」の端っこの家ですが、まさに「夢のマイホーム」でした。

そのころは、兄は運送会社、一番上の姉は食堂、二番目の姉は化粧品会社、三番目の姉は映画館の売店で働いていたので、その稼ぎを足してどうにか家を買うことができたのでしょう。

私が八百屋さんと新聞販売で稼いだお金は微々たるものなので、どこまで役に立ったかは分かりませんが、それでも私も、「自分たちの家だ」という意識が持ててうれしかったものです。うれしかったことはほかにもあります。

今度の家は二階建てなので、少しではあるものの広くなったことや、長屋の端っこの家なので何かと使い勝手がいいこと、そして長屋の五軒にはそれぞれ子どもがいたので、一緒に遊ぶことができたことなど。特に末っ子の私は、ここで初めて自分より年下の子どもと遊ぶことができるようになったことがうれしくて、三輪車に乗せたり自転車の練習を手伝ったり、近所にある「熱海温泉」という銭湯にみんなを連れて行ったりして、とても楽しい毎日でした。

牛乳配達の日々

小学校時代は八百屋さんと新聞販売補助のアルバイトをしていましたが、中学校に入って住吉に引っ越してからは牛乳配達に切り替えました。

今度は学校から帰ってからではなく、通学前のアルバイトです。まだ外が真っ暗な午前三時半に起きると、家族を起こさないように静かに家を出て、牛乳屋さんに向かいます。周囲は真っ暗で、真の闇。起きているのは私一人なんじゃないかなと思うと、不思議な高揚感に襲われたものです。何しろ牛乳屋さんに行く途中に養豚場があったのですが、そこの豚までがぐっすり寝ているんです。

何年か前に近くへ行く用事があったので牛乳屋さんの前を通ったら、まだお店がありました。ただ、当時と違うのは配達の方法で、いまは軽トラックで運んでいるようでしたが、私らの時代は自転車しかありませんでした。自転車の後ろの荷台に二ケースを載せ、前のカゴも袋に詰め込んだ牛乳を満載して出かけます。それはもう大変な重さで、いま考えてもよくひっくり返って瓶を割らなかったものだと不思議に思うほどです。

じつは瓶を割ってしまうとその分を買い取らなければなりません。その緊張感もあったのかもしれませんが、確実に牛乳を届けることに全精力を傾ける日々が続きました。

早朝に自転車で走り回っていると、早起きして家の前を掃除しているお年寄りの方とよく会いました。そんな時は思い切り元気に「おはようございます！」と挨拶するのです。もしその家が牛乳を取っていなければ、掃除しているおじいさんに牛乳を手渡して、「一週間サービスします！」なんて言う。こうした地道な営業活動が功を奏して、ありがたいことに私の回るルートでは徐々に契約件数が増えていったものです。

毎日同じ時刻に同じ場所を走っているうちに、新聞配達の少年と顔なじみになりました。

「おはよう！　今日も寒いね」

「おはよう！　ホンマ、きついわ」

一言しか会話は交わさないけれど、毎朝のことなので、この挨拶がないと調子が出なくなってしまいます。たまに何かの都合で相手の顔を見ない日があると、「風邪でも引いたのやろか……」と心配になってしまうのです。

後年テレビ番組のご対面企画に出演することになった時、「あの時の新聞少年に会いたい」とリクエストしたのですが、残念ながらかないませんでした。いまでも時々彼のことを思い出します。元気でいてくれたらいいな……と。

牛乳十本のサプライズ

牛乳配達を巡っては、一つ忘れられない思い出があります。

中学校の級友から「好きな子ができた」と相談されたのです。彼は何をどう調べたのか分かりませんが、その子の家は私が牛乳を配っている中の一軒だというのです。

そして彼は、こう頼み込んできたのです。

「あの子の家に、牛乳を十本置いてきてくれんか。カネは俺が払うから」

「そりゃできないことやないけど、不気味がられるぞ」

「ええねん。俺はあいつをびっくりさせたいんや」

「まあ、びっくりはするやろな……」

私はあまり乗り気ではなかったのですが、彼の熱い思いに負けて、その子の家に牛乳十本を届けました。白い牛乳だけじゃさすがに迷惑だろうと思い、コーヒー牛乳やフルーツ牛乳なんかも混ぜて、見た目は色とりどりです。

受け取った彼女（と家族）はさぞ驚いたことでしょう。そして、彼女が不思議そうな表情のまま学校にやって来たところで、ヤツが告白したのです。

「あの牛乳は俺からのプレゼントや」

いまだったら「気持ち悪いことせんといて！」とフラれること間違いなしでしょうが、どうやら彼はフラれなかったようです。

私は詳しいことを聞かぬまま卒業を迎えてしまったのですが、月日が過ぎてお互いに大人になったころ、風の便りで「あの二人、結婚しよったで」という話が飛び込んできたのです。

これには驚きました。牛乳十本で好きな子を嫁さんにできるなんて、こんな幸せな話はありません。ただ、二人の間を取り持ったのが私と牛乳だ、という事実は変えようがないのです。この話を聞いた時は、なんともうれしかった。

彼はその後、私が参議院選挙に出馬した時、「あの時の恩返しや」と言って、選挙事務所に手伝いに来てくれました。ただの牛乳配達のアルバイトも、後にいろんな物語を生むものだと、しみじみ感じ入ったものです。

早朝労働が人生の岐路に

ただ、毎朝三時半起きで牛乳を配っていたせいで、学校に行くと眠くて仕方ありません。何とか居眠りしないように努力はするものの、どうしても授業の内容が頭に入ってこなくなるのです。テスト前になるとにわか勉強で凌ごうとするのですが、さすがにそれで乗り切れるはずもなく、成績は落ちていく一方でした。

いま思うと、私は学生時代よりも社会に出てからのほうが熱心に勉強したと思います。国会議員になってからはもちろんですが、漫才の台本だって勉強しないと作れません。

「学校でもっと勉強を頑張っておけば、漫才のネタを作るのにこんなに苦労もしなかっただろうに……」

と思うことも少なくありませんでした。

でも、あの時に成績優秀で卒業していたら、自分は漫才師にはなっていなかったかもしれないわけで、これればかりは運命の歯車だと思うしかありません。そう考えると、中学校での牛乳配達は、私にとっての「人生の岐路」だったと言えるのかもしれないわけです（かなりこじつけですが）。

そこで、私が芸能の道に進むきっかけはどこにあったのかを、ちょっと振り返ってみたいと思います。


進学するにも、就職するにも、潔の頭の中には「貧乏からの脱却」、そして一歩進んで「裕福になりたい」という思いがあった。

しかし、単にカネの亡者になろうというわけではない。そもそも心のやさしい潔に、それは無理な話だ。何事も真面目に考え、真剣に取り組むことで周囲に可愛がられ、評価されることの重要性を体で学んでいた潔は、様々な紆余曲折の中から、芸能の世界に続く細い紐を手繰り寄せた。そこには持ち前の「運の良さ」も多分に影響していたようだ。

映画会社のおじさん

話は小学生時代にさかのぼります。

大阪市港区の自宅の近くに銭湯があって、その入り口の壁には映画のポスターがたくさん貼られていました。そして定期的にそのポスターを貼り換えに来るおじさんがいたのです。

そのおじさんは映画会社の方でしたから、その人にお願いすれば映画に出られるんじゃないかと考えたのです。所詮は子どもの考えることなので、いま思えば笑い話ですが、当時の私にとっては真剣な質問でした。

するとおじさんはこう答えました。

「芝居ができへんかったら入れんわな」

そして、私が持っていた風呂桶を逆さにして地面に置くと、その上に自分の足を載せました。

「靴磨きになったつもりで靴を磨いてみろ」

オーディションなどという言葉はまだ知りませんが、何らかの演技テストが始まったのだろうと考えた私は、自分の体を拭くためのタオルでそのおじさんの靴を磨き上げました。そして、「家が貧しいから靴磨きをしているんです」とか、「お父さんは死んじゃったし、お母さんは病気で寝込んでいるんだ」など、それっぽいセリフまで吐いたのです。まあこれは美空ひばりさんや宮城まり子さんの「ガード下の靴みがき」で覚えたセリフなのですが……。

両方の靴をきれいに磨き上げたら、おじさんは言いました。

「ほな履歴書を持ってこい。会社に話したるわ」

私は風呂に入るのをやめて、すぐに家に戻り、三つ上の姉に「履歴書的な書類」を書いてもらうと、急いでまた銭湯に走っていき、ポスター貼りのおじさんにそれを手渡したのです。

「よっしゃ。ほな坊主、待っとけよ。何日かしたら必ず返事を出すさかいに。ひょっとしたらお前、映画に出られるかもしれんぞ」

当然のことながら、待てど暮らせど返事は来ません。私は銭湯で使うタオルを一つダメにして、おじさんの靴をきれいに磨き上げただけのことなのです。

いまでもあの時のことを思い出すと腹が立ってきます。ただ、いま思うと、私に芸能界を意識させてくれた最初の出来事でもあったと思うのです。

伴淳三郎さんにご馳走される

貧しかった少年時代の影響もあって、「裕福になりたい」という思いは、子どものころから人一倍強かったと思います。銭湯で風呂上がりに白い牛乳ではなく、それよりも高い〝フルーツ牛乳〟を飲んでいる人を見ると、それだけで「ああ、この人はお金持ちなんだな」と尊敬の目で見たものです。

そして、お金持ちになるためにどうしたらいいのか、と考えた時に、ふと頭に思い浮かんだのが「芸能界」でした。

元々「お笑い」には興味があったし、大阪という土地柄、誰でもちょっと面白いことをやれば芸人になれる、と錯覚させる雰囲気はあったのでした。

私が憧れた芸能人といえば、当時、映画「二等兵物語」に出演されていた伴淳三郎さんと花菱アチャコさんです。学校で使うノートを破ってファンレターを書いて送ったこともあります。もちろん返事は届きません。

のちに私がこの世界に入って、伴さんと番組でご一緒した時に、そんな話題になりました。

「それで返事は行ったかね？」

「いえ、いただけませんでした」

「それは悪かったね」

と詫びられた伴さんは、わざわざ日を改めて北新地でご馳走してくださったのでした。

私はファンレターを受け取ると、必ず色紙にサインを書いて送ることにしています。街中などで声をかけられた時は、お名前をお聞きして、後日やはり色紙にサインを書いて送るようにしています。自分自身が返事をもらえなかったことの寂しさを経験していることと、伴さんに食事をご馳走になった時の喜びが忘れられないことがそうさせるのです。

ラジオが育んだお笑いへの思い

私の小学生時代には、家にはテレビがありませんでした。なにせ白黒テレビ一台で大卒初任給の十倍もする時代でしたから。スターを観るには映画がありましたが、私にはその入場料を払うことなどできません。結果として私とお笑いをつなぐのはラジオだったのです。

家に一台だけしかないラジオを、家族七人が取り囲むようにして聴き入ります。私は演芸番組を聴きたいのですが、父親はニュース番組が大好きなので、それが終わらないとお笑いを聴くことができません。

花菱アチャコ先生のラジオドラマ「お父さんはお人好し」や、秋田AスケBスケさんの漫才を、まさに食い入るように聴いたものです。

AスケBスケのお二人を育てた漫才作家・秋田實先生の東大というキャリアが話題になったり、その後私とコンビを組むことになる当時十三歳の横山やすしさんが、朝日放送の素人参加番組「漫才教室」に出演して「天才少年漫才師現る!」と話題になったりしたのもそのころのことでした。

野球部ではなくサッカー部へ

「裕福になる」という夢をかなえるために、ほかにも考えていた職業があります。プロのスポーツ選手です。

私らの子ども時代といえば、野球の全盛期です。我が家がある大阪市住吉区は南海電車が走っているので、ほとんどの子どもは自動的に南海ホークスのファンになります。南海沿線にはホークスの選手も多く住んでいました。下手投げのエース・杉浦忠選手や、円月打法の杉山光平選手などの自宅はよく見に行ったものです。別に選手本人が見られなくてもいいんです。「ああ、この家で杉浦選手が暮らしているんだな」と思いを馳せるだけで胸がときめいたものです。

なので中学校で部活動に入る時は、当然野球部に入るつもりでした。

ところが野球はグローブやらバットやらを買うのにお金がかかります。どうしたものかと困っていたら、まだできたばかりのサッカー部に誘われました。サッカーは野球ほど道具にお金はかかりません。ボールは学校のものを使えばいいので、「体一つでできる」という点が決め手でした。

いまでこそサッカーは日本でも大人気のスポーツですが、当時は本当に不人気で、私が入部した当時、部員は七人しかいませんでした。一チーム（十一人）に満たなかったのです。自分自身も「仕方なく始めた」サッカーでしたが、やってみるとこれが面白くて、かなり熱中しました。部員が少ないからポジションを選ぶ余裕もなく、ゴールキーパーを含むすべてのポジションを経験したことも、サッカーの面白さを知る要因になりました。

高校受験と竹本先生

そして、高校受験を考える時期には、「サッカー強豪校に行きたい」と考えるまでになっていたのです。

進路の相談で担任の竹本能子先生に、私は言いました。

「明星《めいせい》高校に行きたいんです」

私立明星高校といえば、文武両道で知られた名門校です。サッカーが強いだけでなく、勉強もできなければ入れません。

突拍子もなく志望校を口にしたため、竹本先生は面食らったようで、「よほど頑張らないとね」と答えるのが精一杯の様子でした。

でも、その日から明星高校に入ることを目指して猛勉強を始めます。前にも書きましたが、家計が厳しかった西川家では、私のすぐ上の姉を除いて高校進学者はいません。普通に考えれば、私も中学を卒業したら働きに出るのが自然な流れでした。

でも、母親が時々こう話していたのです。

「これからは高校を出るまでが義務教育のようになるそうだから、お前も進学しなさい」

私自身も高校には行きたかったので、母親の言葉を信じて進学するつもりになっていました。まあ、明星高校は私学なので、入学金や授業料を考えると、それが現実的な夢ではないことも事実なのですが、当時の私は勉強さえ頑張れば、何とか明星高校に入ってサッカーを続けられるだろうと考えていたのです。

ところが、その夢は一瞬にして打ち砕かれました。父親が十二指腸潰瘍で倒れてしまったのです。いまなら薬で治せることの多い十二指腸潰瘍ですが、当時はちょっとした重病でした。すっかり気を落とした父親は私に、しみじみとこう言うのです。

「お前には悪いが、家のために働いてくれんか。そうでないと、お母ちゃんが可哀そうや……」

高校には行きたいけれど、「お母ちゃんが可哀そう」と言われるとそれ以上の無理は言えません。

「わかった。僕は働くよ」

そう答えて、翌日竹本先生に「家庭の事情で高校進学は断念する」旨を伝えました。

すると先生はこうおっしゃったのです。

「一度西川君のお宅に伺って、ご両親とお話ししてみましょう」

竹本先生は本当に我が家にいらっしゃって、玄関先で母親と話をしてくださいました。

母親としては、万一に備えて蓄えてあるへそくりがあるので、それを使えば入学金は払えないこともない、と言います。でも、高校というところは入学金だけで済むところではありません。夏冬の制服代や懇親会の費用、教科書や参考書の代金から修学旅行の積立金、サッカー部に入ればその費用も別途かかってきます。さすがに高校に入ってカッターシャツのそでを切ったり縫い付けたりして凌ぐというわけにもいかないのです。

竹本先生と母親の話し合いを横で聞いていた私は、その時点で高校進学をきれいにあきらめることにしました。悔しいけれどあきらめるしかない。そう考えると、次に何をすればいいのか、という方向に意識が向くようになっていきました。

自動車整備工場へ

「何か技術を身に付けられないか」

と私は考えました。

するると、母親は「散髪屋さんになってほしい」と言います。その理由が母親らしいのです。

「散髪屋さんは朝起きた時から寝る時まで、夫婦一緒におれるんやで。一緒に仕事して、一緒に片づけをして、ご飯も一緒に食べられる。好きな人と一つ屋根の下で一生一緒におれるなんて、うらやましい仕事やないか」

タクシー運転手の父親は、まる一日働いて翌日は休み、の繰り返し。休みの日は基本的に寝て過ごしているので、夫婦といえど会話も少なく、母親はそこにさみしさを感じていたのでしょう。そして、そんなさみしさを私や私の嫁さんになる人には味わわせたくなかったのかもしれません。

「散髪屋さんになりぃ」

そう語る母親の願いをかなえるために理髪業への道を選んだのかといえば、そうではありません。同じ「技術を身に付ける仕事なら……」と私が選んだのは、自動車整備士という職種でした。

父親がタクシードライバーだったこともあり、車を見ることが好きでした。それが高じて中学生のころにはバイクのエンジンをいじることもしていました。自動車の整備士なら趣味と実益を兼ねた就職と言えます。竹本先生にそのことを伝えると、大変ありがたいことに大阪市都島区にある自動車整備工場を紹介くださいました。こうして先生のおかげで無事に就職が決まったのでした。

ガス溶接事故で大やけど

憧れの高校進学は断念したものの、当時の中卒は「金の卵」と呼ばれた時代なので、堂々としたものでした。私は元々、先輩方から一つひとつの作業を教えてもらいながら技術を身に付けていくのが嫌いじゃないので、仕事はとても楽しかった。

とはいえ危険も伴います。

ある程度仕事に慣れてくると、溶接を任されるようになります。溶接には「ガス溶接」と「電気溶接」の二種類があり、最初は「ガス溶接」から始めます。鉄と鉄を溶接棒を溶かしながらくっつけていくのですが、技術が未熟だと見た目はくっついていても、軽く叩いただけで簡単に剝がれてしまうのです。

就職してから数カ月ほどが過ぎたある日、私はこのガス溶接で大けがを負うことになります。ガスホースにキズができて穴が開いてしまうことがあるのですが、そこに引火するとホースが火を噴きながら跳ね回るのです。私はこれにやられて顔に大やけどを負いました。つなぎの作業着を着ていたため、体は守られましたが、それはもう「熱い」とか「痛い」という表現をはるかに超える苦痛で、担ぎ込まれた病院でも、先生から「よく助かったね。下手したら失明するところだったよ」と言われたほどです。

結局この事故で四カ月間の入院生活を余儀なくされ、幸いにもやけどの跡は残らずに済んだものの、退院後も事故現場である工場に行くことに極度の恐怖心が湧くようになったのです。一種のトラウマでしょう。

工場に行けないのでは仕事になりません。仕事を教えていただいた先輩方には大変申し訳ないと思いながらも、私は自動車整備工場を辞めることにしました。こうして、サッカー選手に続いてエンジニアの道もあきらめることになったのです。

工場の先輩たちとの縁

ただ、自動車整備工場の先輩方とは、ありがたいことにその後もお付き合いが続きました。芸人になってテレビに出させてもらうようになってからも何度か会社を訪ねたことがあるのですが、私のことをよく覚えてくださっていて、昔話に花が咲いたものです。

「昼休みに一緒にテレビを観ていたぼんさんが、いまじゃテレビに出るほうになったんやからな。よう頑張ったな！」

と労《ねぎら》ってくださいました。うれしかったですね。

そう、その先輩たちとお昼に工場の控室でテレビを観ながら弁当を食べるのですが、そこでは「お笑いタッグマッチ」という番組が放映されていました。司会の春風亭柳昇さんのほか、桂伸治さん（のちの十代目桂文治）、三笑亭夢楽さん、三遊亭小圓馬さんなど、まだ若手だった東京の噺家《はなしか》の師匠方が出て来る、いまでいう「笑点」のような番組です。それを観ながらテレビの噺家に交じってギャグを言うと、これが妙にウケるんです。

「お前、なかなかトンチが利くな！」

この時、私は初めて自分に芸人としての素質のようなものが少しでもあるんじゃないか――と思ったのでした。

工場で働けないなら母親の言うように散髪屋さんになるかとも思っていたのですが、ここで急に、「芸人になる」という夢が頭をよぎりました。

思い立ったらじっとしていられない性格です。すぐに行動に移しました。それでようやく弟子入り志願（第一章）につながるのです。

思い返すと、今の私があるのは、あの工場の先輩方がほめてくださったおかげでもありました。

第四章

妻を得んとすれば義母を射よ

昭和42年（1967年）、先輩芸人だった杉本ヘレンと同棲を経て結婚。

ヘレンと交際を深めていた昭和四十年前後、西川潔は白木みのるの付き人を務めるようになっていた。このころに発足した佐藤栄作政権は七年に及んで国政を担うこととなり、読売巨人軍は昭和四十年から四十八年まで続くＶ９をスタートさせることとなる。大相撲では横綱の大鵬が六場所連続で優勝し、時代はまさに「巨人、大鵬、卵焼き」であった。

二人が結婚した昭和四十二年には、タカラが「リカちゃん人形」を発売し、資生堂が男性用化粧品「ＭＧ５」を発売した。この年にヒットした曲と言えば、ジャッキー吉川とブルー・コメッツが歌った「ブルー・シャトウ」や、ザ・ピーナッツの歌った「恋のフーガ」が思い出される。またザ・フォーク・クルセダーズの「帰って来たヨッパライ」も、この年の作品だ。昭和の大衆芸能がテレビとラジオを通じて花盛りとなっていく。

陽気な同居人

ようやく月に十日間だけステージに上がらせてもらえるようになり、お給金も最初の六千円から七千五百円に上がりました。このころ、大卒公務員の初任給が二万円ちょっとですから、さすがにこれだけで私とヘレンの二人が暮らしていくのは大変でした。ヘレンも舞台に出続けていましたが、会社（吉本興業）は私らの交際には反対していましたし、彼女の給金はそれまで通り京都で暮らしている彼女のお母さんに渡っています。つまり、月七千五百円の収入で、同棲中の二人が生きていかなければならなかったのです。

そしてもう一人、我が家には同居人がいました。私の入団後に吉本に入って来た坂田利夫さんです。

坂田さんは大阪ガスという大企業に勤めていたのに、お笑い好きが高じて二年勤めただけで辞めてしまい、芸人の道を選んだのでした。当時よく「人生後悔したくないからな」と話していました。そんな彼が、我が家に住むことになり、貧乏ながらもにぎやかで楽しい三人生活が始まりました。

坂田さんとはあれから半世紀以上が過ぎたいまでも、たまに顔を合わせると「お互い、食べていけるようになれてよかったな」と語り合います。家族のように楽しく過ごした者同士、いまでも「戦友」のような感覚なのです。

うれしかった白木師匠からの信頼

人気番組「てなもんや三度笠」への出演も、この時期からのことです。残念ながら二〇二〇年に白木みのるさんは亡くなられましたが、私はこの番組の中心人物である白木師匠の付き人を長くさせていただき、「スターとはこういうものだ」と教えられたものです。

白木師匠が舞台に出ていく時、私は師匠の財布を預かります。まっさらな聖徳太子の札束（当時の一万円札）が何枚も入った財布を預かる私の緊張感は大変なもので、毎回自分のパンツの中に入れて保管していました。じつに汚い保管場所ですが、一番安全な場所でもあります。ただそれよりも、大切な財布を私のような者に預けてくださる白木師匠からの信頼がうれしかったものです。

舞台から降りてこられた師匠に「お疲れさまでした！」と言って財布をお返しする。すると、月に一度くらい、「いつもありがとうな」と言って、その中の一枚をくださる。だから私の手取りの月収は七千五百円から一万七千五百円になるのです。この臨時収入は当時の私にとって本当にありがたいものでした。

「てなもんや～」デビューはクマ

私の「てなもんや～」への出演は、意外にあっさりと決まりました。

ある日、スタジオの隅で師匠たちのリハーサルを見ていた時のこと、ディレクターの澤田隆治さんが白木師匠にこうおっしゃったのです。

「例の役、付き人の彼でどうやろ？」

師匠は二つ返事でこう答えました。

「ああ、いいですよ」

この日稽古していたシーンは、時次郎役の藤田まことさんと珍念役の白木師匠が四国・徳島の大歩危《おおぼけ》小歩危《こぼけ》を旅する場面。〝例の役〟とは、そこに突如現れる「クマ」のことです。

当然着ぐるみを着るので誰がやっても同じなのですが、何しろ視聴率が五〇％を超えるオバケ番組なので、そこに抜擢された時は飛び上がらんばかりに喜びました。

ところが、実際に着ぐるみを着てクマの役をやってみると、これが意外なほどに難しかった。

それでも、そのおかげでそれ以降、いろいろな役を担当させてもらえるようになりました。

ウマ、ウシ、ヒヒ……。たまには毛色の違った役をもらえないものかと思っていたら、お正月の獅子舞の役を仰せつかりました。

そうした役も、やったらやったで「うまいね」と褒められるのですが、いっこうに私の顔はオモテに出ません。このまま「顔の出ない芸人」として裏街道を歩いていくのかな……とさすがに不安になったものです。

顔は出ないクマやヒヒの役でも、ちゃんと演技指導はされます。特に澤田さんからの注意は微に入り細に入り、「そんなところまで見ていたのか」と感心させられるような厳しい指導でした。

澤田隆治さんからの一言

そんなある日のこと、やはりクマの役を終えて控室に戻りかけた時、澤田さんから声をかけられました。

「早よ顔の出せる芸人になりや」

一言そう言うと、スッとその場を立ち去って行かれました。

じつは、着ぐるみの中というのは大変な暑さで、アタマからも体からもとめどなく汗が流れ落ちてきます。私は人より目玉が出ているので、汗の塩分が目に染みて滅茶苦茶痛い。ただ、あの時にかけてくれた一言が、私にとってどれだけ大きな救いになったかは、言葉では言い表せないほどです。

結果として私は、クマ役から三年後の昭和四十三年、「てなもんや〜」の最後の一クールとなる三カ月間、着ぐるみを脱いでテレビカメラの前に顔を出すことができました。やすしさんと二人で「かも平・ねぎ作」という役を与えられ、山本リンダさん扮する「おこま」の旅のお供をすることになったのです。

澤田さんの恩情には、本当に頭が上がりません。

「てなもんや～」に出演するようになった昭和四十二年の九月二十七日、西川潔は杉本ヘレンとの結婚に漕ぎつけることができた。式は「えべっさん」として親しまれている今宮戎《えびす》神社で挙げた。年の初めに開催される「十日戎」や「福娘」で知られる、どちらかといえば「商売繁盛」が専門の神様だが、「きよしとヘレン」は夫婦円満と家内安全の面倒を見てもらうことになったのだ。このときヘレンのお腹には新しい生命が宿っていた。翌年四月に誕生する長男の忠志である。

しかし、二人の前には二つの大きな壁が立ち塞がっていた。二人が所属する吉本興業と新妻ヘレンの母親が二人の結婚に反対していたのだ。

「アパートの前で首つってやる！」

神社で結婚したとはいえ、披露宴などをやるわけでもなく、記念写真を撮るだけです。しかも、吉本興業とヘレンの実家の杉本家は、二人の結婚に反対しているので参加してもらえません。吉本は仕方ないとして、ヘレンのお母さんに反対されたのは正直言って寂しかったです。

私とヘレンが同棲生活を始めた時に、お母さんにこう言われました。

「あんたらが一緒になったら、アパートの前で首つってやる！」

でも考えてみたら気持ちも分かります。小さなころからピアノにタップダンスに歌に英語……と、まさに英才教育をしてきた大切な娘を、まだ独り立ちもできていない青二才に取られてしまうことを、簡単には納得できなかったのでしょう。

花嫁衣装は吉本新喜劇に出入りする衣裳屋さんの「のぶさん」が「これ、気持ちやから」と貸してくださいました。

朝一番で神社に集まって記念写真を撮ると、私もヘレンも大急ぎでうめだ花月に直行し、昼の部と夜の部に出演。舞台を終えてからビアホールに集まって、披露宴代わりのパーティーとなりました。

受付は坂田利夫さんが担当してくださいました。パーティーには芸人仲間が大勢集まってお祝いしてくれました。

ヘレンが、当時からすでに人気番組「スチャラカ社員」（朝日放送）に出演していたこともあって、可愛がってくださっていた花菱アチャコ先生や笑福亭松鶴師匠、さらに桂小文枝師匠（のちの五代目桂文枝）といった大先輩までお祝いに駆けつけてくださいました。

パーティーといってもお金もないので、ビールの中ジョッキとから揚げ、ソーセージというメニューです。

でもその後、「せっかくの日にこれでは可哀そうだ」と小文枝師匠が、二次会として北新地の高級なピアノラウンジに私たちを連れて行ってくださったのです。私にとっても、ヘレンにとっても忘れられない一夜となりました。

一人で娘を育てあげた義母の思い

後年、私はお母さんに訊ねたことがあります。

「ヘレンにいろいろな習い事をさせたのは、芸能界に入れようと思われたからですか」

するとお母さんはこう答えました。

「一人で生きていける子にしたかったんです。舞台は一人です。歌にしてもピアノにしてもタップダンスにしても、舞台に上がれば一人で演じることができるでしょう」

お母さんがそう考える背景には、ヘレンが極度の〝人見知り〟ということがあったようです。子どものころからいじめの対象にされて、対人恐怖症のようになってしまったのでしょう。

戦後間もない時期に青い目の女の子がうろちょろしていたら、同じくらいの年齢の子どもからはいじめられるし、周囲の大人たちも妙な目つきで見ます。電車やバスの中で知らない人につねられたり蹴られたりしたこともあるそうです。街角で募金を募っている人がいたのでその箱にお金を入れようとしたら、腕をパーンと叩かれたこともあるとか……。

そんな不条理な世間の仕打ちに耐えながら育ったヘレンのことを思うと、たかだか親父の事業の失敗で貧乏生活を強いられたことにくよくよしていた自分が情けなくなったものです。

前だけを向いて家族のために

その話を聞いてから、私は後ろを向くことはしないと決めました。まっすぐ前だけを向いて、ヘレンや家族のために仕事を頑張ろうと心に決めたのです。特に、ヘレンのお母さんに、苦労のない幸せな暮らしを送ってほしいと、強く思うようになりました。

もちろん自分の母親への感謝の気持ちは変わりません。でも、うちの母親には父親がいます。ヘレンのお母さんは娘を嫁に出してしまうと一人ぼっちになってしまうのです。

昭和四十三年、私たち夫婦は大阪の堺市に新居を構えました。

この家はヘレンのお母さんと同居することを前提に探した物件です。ここで可愛い娘と一緒に住んで、幸せな生活を送ってほしかったのです。

でも、「首つってやる!」と激怒したお母さんが、果たして私と同居してくれるでしょうか。

私は恐怖に震えていました。

ヘレンに「お母さんに電話してみたら？」とうながされ、恐る恐る電話をかけてみると、お母さんはこう言ったのです。

「私はいつ堺に行けばいいの？」

拍子抜けしましたが、うれしかった。

これで家庭環境は整いました。あとは漫才を頑張るだけです。

相方の横山やすしさんとがむしゃらに突き進んだ、漫才師人生を振り返ってみましょう。

第五章

やすしさんからのラブコール

昭和41年（1966年）、横山やすしから熱心な誘いを受けて漫才コンビを結成。

ビートルズが来日して日本武道館で公演を行い、いまも続く人気番組「笑点」が始まった昭和四十一年、その後の日本のお笑い界に名を残す一組の漫才コンビが産声を上げた。「横山やすし・西川きよし」だ。

〝破天荒〟で知られたやすしと、〝実直〟を絵に描いたようなきよしのコンビは、地元関西だけでなく、日本中に新しい形の漫才(MANZAI)の旋風を巻き起こすことになる。

そんな伝説的コンビの結成は、やすしのほうから持ち掛けたものだった。

コンビを組んでは解散を繰り返し、それまですでに四度のコンビ別れを経験しているやすしからの誘いを受けたものの、漫才などしたことがない潔は当初難色を示した。

しかし、そんな潔の背中を押し、漫才の世界へと送り出したのは、潔と同棲していた杉本ヘレンだった。

中山礼子師匠を通じた誘い

昭和三十九年に松竹から吉本に移籍し、「通行人A」として、日々励んでいました。とは言え出番時間は短かいのであとの時間は何をしているのかと言えば、客席に回って先輩方の芸を観ることに専念していました。松竹時代に石井均先生から「人の舞台を観るのがお前の給料や」と教えられたことを忠実に守っていた私は、吉本に移ってからもそれを続けていたのです。後ろのほうの空席に座って舞台を凝視していました。

舞台を観ていて気づいたことがあると、忘れないように手帳に書き込みます。

「△△師匠はこういう〝笑いの方程式〟をよく使う」

「××師匠はオチの前の盛り上げを意識的に長く引っ張る」

人それぞれ異なる舞台上でのテクニックや特徴を書いていくのですが、これが後になって大いに役に立ったものです。

そんな日々を送っていたある日、浪曲漫才で活躍された中山礼子師匠から声をかけられました。

「横山やすしというのが漫才の相方を探しているんやけど、一度会ってみない？」

聞けば、やすしさんが私とコンビを組みたがっているというのです。でも、私は漫才などやったこともない、ただの「通行人A」です。その演技を見て、「こいつとコンビを組んで漫才をやろう！」なんて思う人が本当にいるのだろうか――。私は不思議で仕方ありませんでした。

でも、大先輩の中山さんからのお声がけなので、一度会ってみることにしました。昭和四十一年一月のことです。

塩をかけたトマトジュース

京都花月の前にある「水車」という喫茶店で会ったやすしさんは、トマトジュースを注文し、私はミックスジュースを頼みました。それぞれのジュースが運ばれてくると、やすしさんはテーブルに置いてある食塩をトマトジュースにどっさりかけて、豪快にかき混ぜると一気に飲み干します。めったに飲めないミックスジュースを少しずつストローでチューチューすすっている私とは大違いです。

「トマトジュースがお好きなんですか?」

「ああ、ワシはこれが好きやねん」

なんだかお見合いの席のような会話ですが、これがやすしさんと私の最初の会話です。

やすしさんはこう言って私を口説きにかかりました。

「あのな、君の舞台を見ていると、芝居よりも漫才のしゃべくりのほうが似合うていると思うんや」

漫才というのは、相手が何を言っても必ず、瞬時に反応して言い返さなければいけません。

やすしさんは中学生のころからの経験があるけれど、私は新喜劇で「通行人A」とか「クマ」

とか「ヒヒ」しかやったことがない人間です。

「いや、私には無理です」

と断るのですが、やすしさんは、

「大丈夫、大丈夫、何とかなるから安心せい」

と譲りません。

そして最後にこう付け加えたのです。

「ワシ崖っぷちやねん。そやから引き受けてもらわな困るんや」

天才少年漫才師として華々しくデビューしたものの、なかなかうまくいかずに、コンビを結成しては解散を繰り返していたやすしさん。私に声をかける以前は、後にレツゴー正児となる横山たかしさんと「横山やすし・たかし」として活動していましたが、これも長くは続きませんでした。だけど普通の人と違って彼は中学生時代からメディアでも注目される存在でした。

「四回別れたやつは五回目も別れる」

一方の私は、駆け出しの舞台役者です。漫才なんてやったこともないし、やろうと思ったこともありません。そんな私のどこを見て「大丈夫」とか「何とかなる」と言うのか、その理由も分からないのですが、簡単にお引き受けできる相談ではありませんでした。

そこで吉本興業に相談に行くと、即答されました。

「絶対にあかん」

会社としては新喜劇の役者として大切に育てていく計画があるのに、四回もコンビ別れをしている男とコンビを組んで、そのプランが崩れるなんてもったいない、ということなのです。

「あのな、四回別れたやつは五回目も別れるもんや。悪いこと言わんからやめとけ」

私もそうだと思ってやすしさんにお断りの返事を入れるのですが、彼はなかなか引き下がりません。何回も「話を聞いてくれ」と言い、喫茶店に呼び出されてはトマトジュースに塩を振りかけて私を口説くのです。

何度も何度も話を聞くうちに、私は「やってみてもいいかな……」と思う気持ちが少しずつ湧き上がってくるのを感じていました。

ヘレンに相談してみると……

そこで、まだ交際中だったヘレンに相談しました。やすしさんと違って喫茶店に行くお金はないので、中之島公園のベンチに二人で座って、近くの店で買ってきたごぼ天やらイカ天やらを食べながらの話し合いです。

　横山やすしという漫才師のことを知らなかったヘレンは、初めはあまり真剣に考えていなかったようです。しかし、やすしさんからの相談の回数が増えるにつれて「今日はどない言われたん」と真剣に耳を傾けるようになり、最後にはこう言ったのです。

「そこまで愛されてるんやったら、いっぺんやってみたら？」

　そのころには私の気持ちもかなり傾いていました。大勢の役者に交じって舞台の隅っこに立ち、セリフと言っても「へえ、おおきに」くらいしかない役者に甘んじているより、二人っきりでセンターマイクの前に立って〝主役〟として芸を披露できる漫才師のほうが、私にとって大きなチャンスと言えるかもしれません。

　それでも心配性の私は決心がつきません。

「失敗したらどうすんねん」

「二人で北海道に行って、アパートの二階の一番奥の部屋を借りて、サンマでも焼いて食べて暮らそ」

　どこからそういう発想が湧くのか分かりませんが、おそらく演歌を聴いていてそんなイメージを持ったのでしょう。私も言い返します。

「北海道はニシンや。サンマやない！」

じつにどうでもいい会話ですが、この時の二人にとっては人生を左右する話し合いだったのです。

そして、腹をくくったヘレンの後押しで私もようやく決心し、二十数回目にしてやすしさんからのプロポーズを受け入れることにしました。

やすしさんは大喜びです。

「よっしゃ！　よう決めてくれた！　おおきに！」

その足で私は吉本興業に行き、やすしさんとコンビを組んで漫才をやることにしたと報告しました。当然ながら会社は渋い顔です。

「もし失敗しても新喜劇には戻れんぞ」

「わかりました。一所懸命やらせていただきます」

こうして若手漫才コンビ「横山やすし・西川きよし」は誕生しました。

時は昭和四十一年の三月。大阪にも桜前線が近づいていました。

第六章

漫才修業

関西の厳しい客にもまれ、デビュー10カ月で上方漫才大賞新人賞を受賞。

横山やすし・西川きよしのコンビがデビューしたのは昭和四十一年六月のことだった。当時のお笑い界は「漫画トリオ」や、上沼恵美子の師匠にあたる女流漫才コンビ「海原お浜・小浜」、兄弟漫才師の「若井はんじ・けんじ」といった〝しゃべくり漫才〟が人気を博していた。

そんなベテランたちに対して、まだ十九歳と二十一歳の二人は体力勝負にかけた。やすしは陸上、きよしはサッカーと、中学時代にスポーツで体を鍛えていた二人は、その体力を生かさない手はないと考えた結果だったという。「天才少年漫才師」と呼ばれたやすしに対して、きよしには漫才の経験がなかったこともあったのだろう。

最初のコンビ名は「ベース・ボール」

渋い顔をする吉本興業の上層部を説き伏せて、ようやく横山やすしさんと私はコンビを組むことになりました。漫才をするには、コンビ名が必要です。彼の本名は木村雄二ですが、すでに「横山やすし」という芸名が定着していました。そこで会社は、それまでやすしさんが使っていた「横山やすし・たかし」を提示してきました。つまり私が「横山たかし」を名乗るというものです。

今度は私が難色を示します。すると会社は妙なコンビ名を考え出しました。

「〝ベース・ボール〟ってのはどうや」

敵性語が敬遠された戦前戦中と違って、この時期は積極的にカタカナの名前が使われるようになっていました。「横山エンタツ・花菱アチャコ」「中田ダイマル・ラケット」「秋田Ａスケ・Ｂスケ」など、カタカナ名前が花盛りでした。

それにしても「ベース・ボール」とは、けったいな名前です。とはいえ会社の上層部から提示されたコンビ名なので、露骨に嫌な顔もできません。いったん持ち帰って検討することになりました。

妙な名前ではあるものの、決定的にダメというわけでもありません。時間をかけて考えているうちに、私は「ベース・ボールでもいいかな……」なんて考え始めていました。

ところが、やすしさんは強い拒否反応を示します。

やすしさんは運動神経抜群なのに、野球に関しては、まったくと言っていいほど興味がありません。ですから、このコンビ名ではやる気が出ないのです。

翌日吉本興業に出向いて「ベース・ボール」については丁重にお断りしたうえで、恐れながら……と申し出ました。

「〝やすし〟が三文字で〝きよし〟も三文字です。ここは〝やすし・きよし〟でいかがでしょう」

どこにもカタカナは入っていません。言下に否定されるかと思ったのですが、意外な反応が返ってきました。

「なるほど。そりゃ気いつかなんだ」

拍子抜けしましたが、安堵もしました。結局私が「西川潔」から「西川きよし」に名前を変えることにしただけで、コンビ名は落ち着いたのです。

晴れて「横山やすし・西川きよし」のデビューが決まりました。

稽古の日々

名前が決まれば、あとは初高座に向けて稽古をするのみです。原稿用紙で三十〜四十枚にもなる台本を、二人で話し合いながら余分なところを削って仕上げていきます。

贅肉を削ぎ落としたネタをきちんと稽古してから高座にかけると、自分でも思いがけないアドリブが出てきます。よく、アドリブだけで漫才が成り立っていると思っている人がいますが、そんなことはありません。たとえプロの芸人でも、アドリブだけで会話をしていたら、ただの立ち話になってしまいます。基本のネタを頭に入れているからこそアドリブがきらりと光るのです。
きちんと稽古をしたうえで高座に上がると、お客様は腹を抱えて笑ってくださいます。その姿を見ると、「やっぱり稽古は大切だな」と気づかされます。

緊張の初舞台

昭和四十一年六月。京都花月のステージが「横山やすし・西川きよし」の初舞台でした。舞台の初っ端も初っ端、幕が開いて最初に出ていくのが、私ら「やすし・きよし」です。結果はどうだったかというと……まったくウケませんでした。ネタがどうこうというのではなく、私が完全にアガッてしまってガチガチに固まってしまったのです。あの状況ではどんなに面白いネタをかけてもウケなかったでしょう。本当にやすしさんには悪いことをしたと思っています。

実は私たちの初舞台のネタの最後の稽古は、私の実家でやりました。実家でネタおろしをする芸人なんて、後にも先にも私たちくらいだと思いますが、我が家には私を除いて六人の家族がいます。つまり六人の〝観客〟の前で稽古ができる、と考えたのです。

やすしさんに我が家に来てもらい、両親と姉や兄の前で「ハイキング」と「自動車学校」という二つのネタを披露しました。初舞台でかけたのは「ハイキング」です。

一通り喋り終えて、家族に訊きます。

「どやった？　面白かった？」

「………」

寄席に行ったこともない家族にとって、そのネタが面白いのかつまらないのか、判断ができなかったみたいです。

その後、今度は吉本興業の社員の前で「手見せ」といってネタを観てもらう、言ってみれば「出演試験」のようなものをしていただきました。審査結果次第では初舞台が延期や取りやめということもあります。結果が出るまでの数日間、私は本当に一日千秋の思いで過ごしたものです。そして無事に「出演ＯＫ」の連絡を会社からいただいた時には、ひざから崩れ落ちるような安堵感に浸ったのを覚えています。

そんな艱難辛苦《かんなんしんく》を経ての初舞台が、私の緊張のせいで大失敗に終わったのです。

出囃子《でばやし》が鳴り、舞台袖から先にやすしさんがステージに出て、そのあとから私が出ていくのですが、センターマイクに向かって歩いていくやすしさんの後頭部を見ながら、

「いまなら逃げ出せるぞ」

なんて考えていたのを覚えています。

元々私は汗っかきなのですが、初舞台の時は紛れもなく「滝の汗」を経験しました。それまでのお芝居の「座長を盛り上げる役者」と、漫才の「二人っきりで満場の笑いをかっさらう」ことの違いと難しさを、まざまざと感じた瞬間でした。舞台に上がっている間、漫才は二人が〝主役〟なのです。私にとって〝主役〟としての初舞台は、ほろ苦いデビューとなってしまったのでした。

藤永暁さんからのデビュー祝い

初舞台でかけた「ハイキング」というネタは、構成作家の藤永暁さんが書いてくださったものです。藤永さんは当時吉本で一番若い私のことをとても可愛がってくださいました。普通、漫才のネタを作家の先生に書いていただくと、数万円をお支払いする必要があります。それは事務所や会社が払うのではなく、芸人が自分で払います。私らはコンビなのでやすしさんと私が折半です。でも藤永さんは、「僕も成長途上やから……」と、この「ハイキング」というネタを無償で書いてくださったのです。言ってみればデビュー祝いのプレゼントのようなもの。これは本当にうれしかったです。

どんな内容かというと……。

二人でハイキングに出かけます。飯盒炊爨《はんごうすいさん》もいいけれど、いまどきそれは古すぎる、というので電気炊飯器をリュックに詰めて持っていきます。ちょうどそのころ、電気炊飯器が売り出されていたのです。

山に着いてゲームをしたりして楽しんで、そろそろお腹がすいてきたからご飯を炊こうということになり、お米を研いで炊飯器に入れたはいいが、さてコンセントの差込口は？　というお話です。

こうして文字に書き起こすと面白くもないのですが、二人でアドリブをちりばめて掛け合いをしながら進めていくと、ウケる話です。初舞台でウケなかったのは明らかに私が緊張してしまったからなのです。

のちに私らが関西テレビの「花王名人劇場」に呼ばれたとき、藤永さんは構成作家として番組作りに携わっておられました。久しぶりにお礼を兼ねて挨拶をさせていただくと、小さな声でこうおっしゃったのです。

「キー坊もホンマによう頑張ったな」

涙が出るくらいうれしく、大切な思い出となっています。

——紆余曲折を経て正式にデビューした「横山やすし・西川きよし」。その二人の技術が高いレベルで融合した時、誰にもまねできない爆笑漫才が生み出される。

二人の努力が奏功し、デビュー間もなく一気に全国レベルの人気コンビへと成長していく。それぞれ家庭も持ち、子宝にも恵まれ、コンビとして最も充実した時期を迎えることになる。

漫才はテンポ次第

初舞台は大失敗でしたが、その後テレビ出演の声がかかるようになります。読売テレビの「お笑い金曜劇場」や朝日放送の「お好み寄席」などに出させてもらうようになります。

初舞台は藤永さんに書いていただいたネタをかけましたが、それ以降は自分たちで作ったネタを演《や》るようにしていました。テレビに出る時によく演ったのが、空手や柔道を元にしたどつき漫才です。舞台上でドタバタ暴れながら進めていく話で、殴ってコケて大暴れの高座でした。ズボンは破けるわ、血が出るわ、青あざもできるわで、どつき漫才というよりは〝暴力漫才〟と言ったほうが正しいような内容で、私らの後に舞台に上がる先輩芸人からは、「舞台の上が埃っぽくてかなわんわ」と小言を頂戴したものです。

いまやれと言われても絶対にできない「力技」のネタなのですが、そうでもしないとお客さんに笑ってもらえないのです。当時は〝しゃべくり〟の技術が身に付いていなかったので、話術だけで笑いを取ることができず、どうしても暴力に逃げてしまいがちでした。

ただ、やはりこれも経験がカバーしてくれます。私らの漫才も少しずつ〝しゃべくり〟だけで笑っていただけるようになっていきました。徐々に「いいテンポ」が身に付いてきたのです。やすし・きよしの漫才は、四百字詰め原稿用紙一枚分の分量を四十五〜五十秒で進行していきます。これは他の漫才師よりも速いのですが、速ければいいというものでもないのです。お客さんが聞き取れないスピードでは笑いは起きません。お客さんが確実に理解できて、それでいて聴いていて心地よい、そしてそのコンビに合った「適正なテンポ」というのが確実にあり、経験を積むことでそのテンポが身に付くのです。

そしてこのテンポを手に入れるには、稽古を重ねるよりほかありません。「漫才に天才はいない」と、私は自信を持って言えます。他のご商売のことは分かりませんが、こと漫才に関しては、稽古に勝る天才はないのです。

先輩からのアドバイス

では漫才の稽古って何をするのでしょう。もちろんセリフを覚えてお互いのやり取り、間の取り方を確認する作業もやりますが、じつはそれよりも大切な作業があるのです。それは「贅肉を削ぎ落とす」ということです。

最初のうちはいろいろと言葉を盛り込んで、持ち時間いっぱいを喋ろうとします。たくさん喋ることがいいことだと思っているし、喋っている間はお客さんが自分のほうを見てくれるので「頑張った！」という余韻に浸れるのです。

ところが舞台袖に引っ込むと、先輩から注意を受けます。

「無駄なセリフが多すぎて、客が漫才のストーリーに入っていきづらくなっている」

初めは先輩のアドバイスが理解できなくて反発心が湧いたりしましたが、次第にその意味が分かるようになってきました。無駄なセリフ、つまり〝贅肉〟を削ぎ落としてスリム化したほうが、よほど大きく受けることを経験的に知るようになるのです。そしてお客さんにとっても、くどくどと長いセリフで話されるよりも、短いセリフでスパッと話されるほうが印象に残りやすく、結果として笑いやすくなるんです。

もう一つ、先輩方から繰り返し言われたアドバイスがあります。それは〝下ネタ〟と〝客いじり〟はするな――ということです。

下ネタは皆さんご存じの通り、下品な笑いのこと。客いじりとは、客席のお客さんをからかって笑いを取る方法です。

「そこに座ってるおばちゃん、オモロイ顔やねぇ」

「失礼なことを言うな。あの人は元々ああいう顔なんや」

「君のほうが失礼やないか！」

これをやると、とりあえずその場では笑いが起きます。でも、その笑いは芸に対する笑いではありません。プロの芸人が、プロの話術で得る笑いでも何でもないのです。

そういったことを多くの先輩方が、まだ若かった私たちに教えてくださいました。

関西の厳しいお客さん

私らがデビューした当時の関西のお客さんは、それは厳しいものでした。私らが舞台に上がると、あからさまに新聞を広げて読み始めたこともありました。「お前らの漫才は聞きたくない」という意志表示ですかね。そんな時は心がくじけそうになりました。

やすし・きよしの漫才は、できるだけ身近な題材からネタを探すことを基本にしていました。元のテーマが「宇宙旅行」のような壮大なものでも、それを身近なことに置き換えて漫才にするのです。

当時、ヘリコプターを飛ばして上空から交通情報を伝える「スカイパトロール」というラジオのコーナーがあって、これを題材にして漫才を作ったことがあります。やすしさんは自分で飛行機を購入してしまうほどの飛行機好きなので、こういうネタだとさらにノリもよくなります。

きよし「では、やすしさんのお宅の上空に回ってみましょう」
やすし「あ、うちの嫁さんが庭の掃除している」
きよし「うちのヘレンは庭で一万円札を焼いてますね」
やすし「そんな、ええカッコするな！」
きよし「おや。やすしさんのお嫁さんは家の中に入りましたね。二階の部屋にふとんを敷いてます」
やすし「あっ、玄関に男が来よった。ああっ、二階に上がっていく。亭主の留守中にあいつ浮気しとるんか！」
きよし「ああ、ふとんの綿の打ち直しでした」

当時はふとん屋さんが各家庭を回って、ふとんの綿の打ち直しをする出張サービスをやっていました。それでこんなネタができたのですが、これも最初は無駄なセリフが多かったのを、「これもいらん」「ここも削ろう」と徹底的に削ぎ落として仕上げていきました。

上方漫才大賞新人賞

笑いというのは凄いもので、ほんの〇・一秒の間の取り方の違いで、お客さんは大爆笑したり、シーンと静まり返ったりします。「そんな大げさな……」と思われるかもしれませんが、これは漫才をやった者なら誰もが納得してくれること。そして、その精密さを理解して追求する漫才師が、結果として〝いい漫才師〟として売れていくのだろうと私は思っています。

稽古のおかげで私たちは、デビューから十カ月後に「上方漫才大賞新人賞」(ラジオ大阪)を受賞します。この賞は数ある漫才の賞の中でもとりわけ由緒あるものですが、私らは大変ありがたいことにその第二回目の新人賞を頂戴することができました。

よもやコンビ結成から十カ月で賞をもらえるなんて考えてもいませんでしたから、受賞の知らせを聞いた時はわが耳を疑いました。本当にうれしかったのと同時に恐縮もしました。お世話になった方々に受賞のお知らせとお礼を言うために、十円玉を何枚も持って、赤電話に取り付いていたのをよく覚えています。

賞をいただいたおかげで仕事も増えました。それまで月に十日間出ていたステージが、倍の二十日間に増えたのです。

さらに受賞したことで、それまでと同じ舞台に立っていても、客席からの笑いの量が増えて来るのを感じました。日に日に笑いの回転計の目盛りが上がってくるのです。努力をすれば報われる——ということを肌で感じることができ、同時に稽古の大切さを感じる時期でもありました。

テレビ番組の司会に抜擢

昭和四十二年、やすし・きよしに大きな転機が訪れます。初めてテレビ番組の司会という仕事が舞い込むのです。朝日放送の「かねてつトップ寄席」「シャボン玉寄席」という番組です。芸人の世界は封建社会で、出る杭は打たれる——と思われがちですが、決してそんなことはありません。特に漫才はニッチ産業で、居並ぶ先輩芸人たちの間にも必ず〝隙間〟があり、稽古を重ねて実力を付ければ、必ずその隙間に入り込むことはできます。そしてさらに実力をつけていけば、〝隙間〟だった居場所が次第に広くなっていくものなのです。

昭和四十三年の四月には長男の忠志が生まれました。この時私は二十一歳。当時としても若い父親でした。周囲からも「若くして……」と言われましたが、私自身はあまり気にしていませんでした。

このころからいよいよ忙しくなります。

昭和四十四年十月には、やすし・きよしの司会による「爆笑寄席」（関西テレビ）が、四十五年の一月には私たち二人と笑福亭仁鶴《にかく》さんの三人で司会をした「仁鶴・やすきよのただいま恋愛中」（朝日放送）がスタート。そしてこの年、「第五回上方漫才大賞」を受賞することができたのです。あまりにも順調すぎて自分でも恐くなるほどでした。

第七章

再出発から絶頂へ

「プロポーズ大作戦」（朝日放送）で全国区に。©ABCテレビ

「迷惑かけてすまん。長いこと待たせるのはワシもつらい。どうか他の人とコンビを組んでくれ」

どうやら会社から話を聞いたようです。

そこで私はこう答えました。

「いえ、私はやすしさん以外の人と組むことは考えていません」

やすしさんとしても、それなりの覚悟を持って我が家を訪ねてきたようで、「はいそうですか」と引き下がるわけにもいきません。話は平行線を辿ったのですが、最終的に「ぼくは待っている」ということで納得してもらいました。

もっと広い家を買おう

それから七カ月が過ぎたところでコンビ活動の再開が許されました。なんば花月など吉本興業の劇場での舞台に限定しての復帰です。

これは吉本が自前の劇場を持っていたからできたことで、そうでなければこうはいかなかったはず。本当に会社には感謝です。

ただ、テレビの仕事は以前のようには戻らないと予想されます。テレビの仕事がなくなるということは、収入が激減することを意味します。舞台に出ていれば何とか食べていくことはできますが、先のことを考えると暗い気持ちになりました。

そこで私は一つの賭けに出ます。堺に買った自宅を売って、もっと広い家を買おうと決意したのです。これから仕事も収入も減るという時に、そんなことを決意する人はいないでしょう。でも私には、根拠のない勝算がありました。

「やすしさんが戻ってくれば、また忙しくなる」

稽古の量も増え、二人の息もぴったり合うようになっていました。やすしさんさえ戻ってくれば、きっと仕事は来るはず――。

妻のヘレンにそう打ち明けると、「何言うてるの？」と驚いていました。私がおかしくなってしまったのかと心配になったようです。

二十二歳の時に買った堺の家は、中卒の私にとって、一つの自慢であり、拠りどころでもありました。同い年の友達が高校に進み、大学を卒業する年に私は家を買ったのです。たとえ小さくとも、同級生に負けていないことを確認するためには、「自分の家」を持っていることが、私にとって重要なことでした。人生の歩調を合わせたかったのです。

ならば二十四歳でもっと広い家を買えば、苦しい状況でも頑張れるはずだ。そんな話をしてヘレンを説得したものです。そして私の中では自分の両親も含めて、もう一度「家族」が一つになりたいという思いもありました。

いろいろと探したところ、吹田市に、新築のいい物件を見つけることができました。

これから仕事が減る芸人に、お金を融資してくれる銀行はなかなかないものですが、ありがたいことに池田銀行が私の将来に対して融資してくれることになりました。融資元が決まったことを吉本興業に話すと、会社もローンの保証人になってくれたのです。

義母に加えて両親も同居

昭和四十七年、私らは堺の家から吹田の新居に引っ越しました。純和風の〝木の香り〟が漂う家で、外の階段を上がっていくと枯山水のような庭がありました。聞けば建築屋さんが、自分の息子さんのために建てた家を譲ってくださったとか。本当にありがたいことです。

そんな素敵な家には、それまで一緒に暮らしてきたヘレンのお母さんだけでなく、私の両親も同居することになりました。大所帯というか大家族というか、ちょっとした合宿のような生活が始まったのです。

新居での生活が始まってからもヘレンは不安そうでしたが、私は期待に胸を膨らませていました。元々裸一貫で出発した芸人人生です。借金をしたことで「頑張らなければ」というやる気も湧いてきたのです。

残してもらえたテレビのレギュラー番組二本のほかに、私はどんな仕事も断らずに引き受けました。私の司会でヘレンが歌うといった仕事も受けたことがあります。

「こうした仕事が、私の漫才師としてのスタート地点だったんだ。ここからもう一度やり直しだ」

体の底から湧いてくる喜びと期待を抑えきれない私でした。

やすしの本格復帰は、テレビ業界から好意的に受け入れられた。続々と決まるレギュラー番組、念願の東京への進出、そして全国を飛び回る生活が二人を待っていたのだ。銀行口座に振り込まれる収入は見る間に増えて、それは二人を「スター」と呼ぶのに不思議ではないものとなっていく。

時に激務で倒れるほどの忙しさの中でも、きよしは「どうすれば人は笑うのか」を考え続けた。それまでの「無駄を省く」こと以外に、「思い切って客の懐に飛び込む」ことの重要性も、この忙しさの中で学んだ。

衰えることのない探求心を持ち続けるその姿が、高度成長期の視聴者の心をつかみ、放さなかったのだ。

「プロポーズ大作戦」で全国区に

昭和四十八年四月、後に大人気となる番組が始まりました。朝日放送の「プロポーズ大作戦」です。

この番組は二部構成でした。旅先で会ったけれど連絡先が分からない人を探してほしい、転校していった元同級生と再会したい――などの話をやすしさんと私で面白おかしく聞き出し、最後に桂きん枝（現・小文枝《こぶんし》）さんが〝愛のキューピッド〟として探し出してくるご対面コーナーと、男女五人ずつが向かい合う形で座って質問に答え、気に入った相手の番号を押して、相手も自分の番号を押していたらカップル成立、という「フィーリングカップル５vs５」で人気を博した番組です。

この番組はもともと関西ローカルの深夜三十分番組でしたが、翌年からフィーリングカップルの後半部が加わって四十五分枠になりました。そして昭和五十年十二月から全国ネットに昇格。ここで大幅にセットをテコ入れしたのです。「フィーリングカップル」の電飾も、ローカル時代は「紐」でした。すべてが真新しく、豪華になったわけで、全国放送で失敗したら目も当てられません。やすしさんと二人で、緊張感を持って臨みました。結果は大成功で、私らはほっと胸をなでおろしたのでした。余談ですが、この当時、この番組に出たいがために、大学進学を目指す方たちも少なくなかったそうです。

桂三枝さんと「パンチDEデート」

四十八年十月から始まった「パンチDEデート」（関西テレビ）も、やはり恋愛バラエティ番組です。こちらは、桂三枝（現・文枝）さんと私の二人が司会者として起用されました。

番組の冒頭とエンディングで司会者二人が声高らかに言う「一目会ったその日から、恋の花咲くこともある！」というフレーズを記憶している人も少なくないことでしょう。

見知らぬ二人の男女が中央をカーテンで仕切ってある舞台に登場し、それぞれがインタビューに答えた後で、「ごたーいめーん！」の合図で仕切りのカーテンが上がる。そして数分間二人で話をしたうえで、相手のことを気に入ったらスイッチを押す。気に入らなければ押さない。押せば背後のハートマークの半分が点灯する仕組みで、両方とも点灯すればめでたくカップル誕生というルールです。

元は関西ローカルの「ナイト・パンチ」という深夜番組の一コーナーだったのですが、三十分番組に昇格したのでした。

三枝さんは女性側、私は男性側のインタビュアーになって、仕事や趣味、好きな芸能人などを聞いていきます。そして「ご対面」の前に、それぞれのインタビュアーが、カーテンののぞき窓から相手方を見て印象を話すのですが、これがとても難しいのです。

三枝さんは男性を評価するので、多少きつめのコメントを言っても笑ってもらえますが、私は女性を評価するので、あまりきついことは言えません。とはいえ、褒めるだけではウケないので、そのあんばいに苦労したものです。でも、この番組ではとても楽しい時間を過ごさせていただきました。皆さんに感謝です。

三枝さんといえば、私が堺に家を買ったときに、まだ弟子時代の彼が引っ越しを手伝ってくれたこともありました。その後も数々の番組で共演したり、選挙の応援にわざわざ来てくださったり、時には一緒に漫才をさせていただいたり、その交流は現在まで六十年にも及ぼうとしています。

渡哲也さんとの出会い

この二つの番組は、視聴者の男女を結びつけることが目的でしたが、じつは私も、「プロポーズ大作戦」をきっかけに結びつけられたのです。と言っても不倫ではありません。相手は男性です。

この番組を渡哲也さんがご覧になって、とても気に入ってくださったそうです。そしてご自身が出演するＮＨＫの「ビッグショー」に、まったく面識のなかった私をゲストとして招いてくださったのです。そんなオファーがＮＨＫからあったとマネージャーから聞いた私は本当に驚きました。

そしてある日、渡さんから「ご出演依頼のご挨拶に伺えませんか?」と連絡をいただきました。そんなもったいないお話をいただいたものですから、さっそくこちらからご挨拶に伺いました。

すると、渡さんから「いつも『プロポーズ大作戦』を家族と一緒に観ているんですよ」と言葉をかけていただいたので、「もしスケジュールが合えば、番組に出ていただけませんか」とお願いしました。

これがきっかけで、「フィーリングカップル」に当時「西部警察」で大人気だった〝大門軍団〟にご登場いただきました。男性チームに渡さん、寺尾聰さん……と錚々たる顔ぶれが並び、それはそれは壮観でした。

のちに私が参議院選挙に出馬した時も、渡さんは大阪まで応援演説に駆けつけてくださいました。

渡さんには、二〇二〇年に亡くなられるまで、まるで弟のように可愛がっていただきとてもお世話になりました。

やすしさんイジリのネタにする

やすしさんが舞台に復帰した時、「新生やすし・きよしをよろしくお願いします！」と頭を下げるものの、積極的に事件のことには触れないようにしていました。笑いを求めて来てくださっているお客さんに対して、水を差してしまうと思ったのです。

ただ、実際に舞台に立ってみると、まったく触れないのも不自然でした。特に大阪のようなフレンドリーな、情けにあふれる街でそうすることは、自分たちからお客さんとの間にカベを作ってしまっているような気がしてきたのです。

そこで私たちは話し合って、素直にさらけだそうと、あえてネタにすることにしました。

「私が家で晩ご飯を食べながら七時のＮＨＫニュースを観ていたら、『横山やすし』という名前が流れてきたんです。見れば顔写真も映っている。相方の私に黙ってＮＨＫのゴールデンタイムに出るなんて……って、妙に腹が立ってきたんですよ。でもじっくり見てみると、これは一緒に出ている場合ではないなと……」

そんなことを舞台で言ってみたら、ドカンとウケた。よし、これで行こう！　ということになって、それから事件ネタはもちろん、やすしさんが大好きな〝競艇ネタ〟も舞台にかけるようにしました。

こうしたネタがウケるのは、やすしさんが〝浪花の申し子〟として大阪の人たちに愛されているからこそ。そして、滑ったり転んだりしながらネタを作っていくのは、「お客さんに育ててもらっている」ということでもあり、こうした試行錯誤が大切なことなんだな、と勉強させてもらいました。

移動はヘリコプターで

昭和四十八年に「やすし・きよし」としてテレビにも復帰してからは、とてもありがたいことに本格的な忙しさが戻ってきました。先に触れた「プロポーズ大作戦」のほかに、「歌まね合戦スターに挑戦!!」（のちに「歌まね振りまねスターに挑戦!!」＝日本テレビ）で本格的な東京進出を果たし、毎日放送では「モーレツ!!しごき教室」も始まるなど、事件前を上回る忙しさになりました。

テレビ番組だけではありません。なんば花月をはじめとする吉本の劇場に出演するほか、その間隙を縫うようにして全国各地でのお笑いイベントからお呼びがかかります。

朝に大阪から熊本へ行って漫才をすると、すぐに空港に戻って小型ジェット機に乗せられます。それが名古屋（小牧）の飛行場の滑走路の端っこに着くと、その隣にはヘリコプターがプロペラを回して待っているのです。急いで乗り移ると、日本アルプスを越えて福井県に向かう。福井の会場の隣に広場があって、そこに「H」の文字が描かれている。そこに着陸して車に乗り換えて会場へ着いたらすぐに漫才を披露、なんてこともありました。

帰りは特急・雷鳥に乗って大阪まで二時間ちょっと。マス寿司と缶ビールを買って、二人並びながら「この電車が一番時間かかっとるな」などと話しながら帰ったことを覚えています。

まるで「007」のジェームズ・ボンドのような目まぐるしさで、私などは自分がそんな生活を送っていること自体が信じられなかったのですが、ボートと飛行機が大好きなやすしさんは乗るたびに大喜びでした。


昭和五十五年（一九八〇年）といえば、三浦友和と山口百恵が結婚するなど、芸能の世界で大きな出来事が続いた年として記憶に残る。

この年、演芸会にも大きな動きがあった。「漫才（MANZAI）ブーム」が到来したのだ。

前年から関西テレビでスタートした「花王名人劇場」をきっかけに、東西のお笑いが激突する形で盛り上がり、西と東の区別なく、「お笑い」というカテゴリーが爆発的なブームになっていく。

その中心にいたのが横山やすし・西川きよしであり、ただでさえ忙しかった二人のスケジュールは完全にパンク状態となる。

「花王名人劇場」からお笑いブームに

日曜の夜九時、この時間帯はＴＢＳテレビの「東芝日曜劇場」の独壇場でした。潤沢な予算と豪華なキャスティングで制作されるドラマに、日本中のお茶の間は釘付けとなり、他局は太刀打ちできないのが実情でした。

そこで、「てなもんや三度笠」のディレクターだった澤田隆治さんが「お笑いで勝負してやろうじゃないか」と今度はプロデューサーとして企画したお笑いバラエティ番組が「花王名人劇場」なのです。

毎回異なる内容で構成される単発番組で、その名の通り劇場にお客さんを集めて演芸会や独演会のスタイルで芸を楽しんでもらうこともあれば、お笑いの要素をふんだんに盛り込んだドラマを流すこともありました。芦屋雁之助さんが薄幸の天才画家・山下清を演じた「裸の大将放浪記」もこの枠で放送されて大人気となります。

この番組で昭和五十五年一月に「激突！漫才新幹線」という企画が放映されました。東西のお笑いコンビ三組が登場して芸を競い合うというもので、東京からはB&Bと星セント・ルイス、大阪からは我々やすし・きよしが選ばれました。当時は三組とも「若手漫才師」という括りだったのですが、この回が大当たりしたことから、「お笑い」が「ブーム」になっていくのです。

「花王名人劇場」は若手世代のお笑いにスポットライトを当て、ここから人気者を育てようとしたのです。三カ月のつなぎとして企画された番組でしたが、徐々に視聴率を上げていきました。

「THE MANZAI」で爆発

その勢いに勝機を見たフジテレビのプロデューサー横澤彪さんは、さらにその先を行く番組を作ります。「THE MANZAI」です。それまでの「漫才」を横文字にして、完全に若い視聴者をターゲットにした番組作りに乗り出したのです。ツービート、B&B、島田紳助・松本竜介、ザ・ぼんち、西川のりお・上方よしおらが、まさに「MANZAI」で暴れまくる番組で、やすし・きよしは毎回そのトリを務めたのです。

　この番組が決定的なきっかけとなって、MANZAIブームは一気に広がり、お笑い番組が燎原の火のごとく誕生します。この番組でスーツ姿で漫才をするのは私たち二人くらいで、他の人たちはアイドルのようなファッションでマイクの前に立ちます。ステージに出ていくだけで若い女性のファンが歓声を上げ、レコードを出せば歌番組に呼ばれ、漫才はしないで歌だけを歌うようなこともあったようです。お笑いの世界が一夜にして激変するような勢いのブームが巻き起こったのです。

　そんな中で私たちも負けてはいられません。それまで以上に稽古を重ね、年配のお客さんにも若いお客さんにも笑ってもらえるネタ作りに励みました。

大先輩からのアドバイス

　特にうれしかったのが、大先輩の夢路いとし・喜味こいし師匠のお一人、こいし先生からいただいたお言葉です。

「大阪の漫才のために頑張りや。今度は君たちが後から来る後輩たちを育てる番やから」

この言葉には本当に頭が下がる思いでした。

それだけではありません。

「一番になるだけではいかん」

どう解釈すればいいのか首をかしげていたら、こいし先生が説明してくださいました。

「一番になろうと努力することは結構なことや。頑張って一番になればいい。ただ、一番になって自分たちの冠番組を持つようになると、二番手、三番手の配役も考えなければならなくなる。これが意外に大変なことなんや。まあ、それで困った時には二番目にいとし・こいしを入れるこっちゃ。そうすれば番組に厚みが出る……（笑）」

これを聞いて「なるほど」と感心したものです。長年トップを走って来たからこそ知る苦労があることを教えてくださったのです。

ツービートやザ・ぼんちの後に立つプレッシャー

そして、その忠告はすぐに骨身に沁みるほど痛感させられました。

すでに触れた通り、「ＴＨＥ　ＭＡＮＺＡＩ」に限らずこの世代のメンバーで番組が組まれると、ほとんどの場合やすし・きよしがトリを務めることになります。しかし、若い人たちに当時絶対的な人気のあったツービートやザ・ぼんちのあとでマイクの前に立つ私らは、絶対に彼らに負けるわけにはいかないのです。そのプレッシャーは言葉では言い表せないものでした。

そんな時でもやすしさんはどんと構えています。

「心配すな。あんな連中に負けるわけあらへんやろ」

その言葉には何度も安心させられました。

それにしても、あの頃はひと月の間に何回東京と大阪を往復したことでしょう。東京での番組収録が終わるのが午前三時か四時です。そのまま着替えて東京駅に行き、朝一番の新幹線で大阪に戻ると、そのままテレビに出たり、舞台に上がったり、という生活。正直言って「俺はこのまま死ぬんじゃないか」と思ったことは一度や二度ではありません。私の人生の中でも一番忙しい時代だったと言えるかもしれません。

二人だけの合図

漫才の最中に、私がやすしさんの腰に手をあてて、

「ようそんなこと言うな」

と言うことがあります。これは「そろそろ終わろか」という合図です。

漫才のコンビというのは、長年連れ添った夫婦のようなもので、朝一番の「おはよう」の挨拶で、お互いの体調が分かります。

ステージに上がっても、私から見て右側に立っているやすしさんの「くちびる」の半分を見ただけで、体調の良し悪しが分かってしまうのです。

「ああ、今日は調子が悪そうだな」

と思うと、あまり無理をせずに腰に手をあてて、

「ようそんなことを～」

と合図を送るのです。

一九八〇年には、漫才師として文化庁芸術祭の大衆芸能部門で優秀賞もいただくことができました。

あの時、やすしさんがトマトジュースを飲みながら何度も何度も誘ってくれたからこそ経験できた、二人で駆け抜けた怒濤の日々でした。

第八章

政治の舞台に

昭和61年（1986年）、参院選に大阪選挙区から立候補して初当選を果たす。

〝不惑の四十歳〟は、人生で最も忙しく、脂の乗り切った時期とされる。そのため、後で振り返った時、三十歳や五十歳の誕生日のことは覚えていても、四十歳の誕生日をどう過ごしたのか、覚えている人は少ないという。

しかし、西川きよしは鮮明に覚えている。なぜなら、初めて参議院議員に立候補した選挙運動の終盤、まさに一世一代の大勝負の真っ最中に四十歳の誕生日を迎えたからだ。

昭和六十一年（一九八六年）七月六日投票の第十四回参議院議員選挙に、西川きよしは大阪選挙区から無所属で出馬し、約百二万票を獲得してトップ当選を果たす。

テレビやステージから伝わってくるきよしの実直な人柄に大きな期待を寄せる有権者がいる一方、「お笑い芸人に何ができるのか」「所詮タレント議員だろう」という冷ややかな意見もあった。そんな声に対してきよしは「ごもっともです」と答えて頭を下げ、自らに課した「福祉対策」というテーマに愚直に取り組んでいった。

以来、三期十八年にわたって国政の場に身を投じた西川きよし。三期連続トップ当選の実績が裏付けるように、政治への志は決して〝その場の思いつき〟ではなかった。二十代の時に自分の目で見て感じ、十年にわたって蓄積し続けた「福祉」への熱い思いが、きよしを突き動かしていたのだ。

政治を志したきっかけ

私が政治に興味を持ち始めたのは、やすきよが絶頂期を迎える前の二十代のころのこと。きっかけは、「ぼやき漫才」で一世を風靡《ふうび》した人生幸朗・生恵幸子師匠のお誘いで、刑務所や拘置所などの矯正施設、老人ホームや児童養護施設などに慰問活動に行ったことでした。これを機会に、福祉政策について考えるようになったのです。

師匠お二人とも、晩年は特に慰問活動に力を入れていらっしゃいましたが、施設慰問を始めたきっかけは、人生幸朗師匠がかかりつけにされていた歯医者さんとのご縁からだったそうです。

毎週土曜日になると歯医者さんの息子さんとお孫さんと三人で、福祉施設に訪問診療をされていました。ご自分の診療所に新しい機器が入ると、それまで使っていた機器を施設に寄付することで、訪問診療の質を高める取り組みを独自にされていたのです。こうした活動を知って、師匠たちもボランティアで慰問を始めたそうです。

夢は老人ホームを建てること

そんな形で二十代のころから始めた施設慰問の経験から、私は「福祉」に興味を持つようになります。当時から日本がいずれ高齢化社会を通り越して「超高齢化社会」になることは分かっていました。そんな中で介護を必要とする人に十分なお世話をするにはどうすればいいのか――ということを真剣に考えるようになっていたのです。三十歳の時に出させていただいた『ただいま奮戦中』（ペップ出版）という本の中で、「ボクには夢があります。それは老人ホームの建設です」と書いたくらいです。

というのも、いまは三人とも亡くなりましたが、当時の我が家には私の両親とヘレンのお母さんという三人の高齢者がいました。父親は胃潰瘍を悪化させてうつ病を併発して寝たり起きたりの生活、母親は認知症、ヘレンのお母さんもその後寝たきりになっていきます。

テレビや舞台の仕事の忙しさを理由に、我が家のお年寄りたちの世話をすべてヘレンに任せていた私は、彼女に感謝しかありません。

しかし、ヘレンは介護疲れに加えて更年期障害も発症し、本当に大変な思いをすることになります。そしてそれは、これからの日本では、どの家庭でも起き得ることなのです。

こうした問題を解決するには、各家庭に任せていたのでは無理があります。国が、政治が本気で取り組まなければ、問題の解決にはならない。そう、当時は高齢化社会の問題に目を向けている人は少なく、「解決に向けた動き」すら乏しい時代だったのです。

三十歳でヘレンに打ち明ける

最初に私が政治の世界に挑みたいとヘレンに打ち明けたのは、三十歳のころだったと思います。参議院選挙の被選挙権は三十歳からなので、そのタイミングで話したと思うのですが、その時はまるで取り合ってもらえませんでした。子どもは小さい、世話をする親が三人いる、そして家のローンも残っている……。私としてもようやくテレビのレギュラー番組が増えて忙しくなってきたところでの政界進出は、あまりにもリスクが大きすぎることは理解していました。

ただ、「いつか機会があれば」という思いだけは持ち続けていたのです。小学生のころから働いて、行きたかった高校進学もあきらめて、大やけどを負って芸人になった私が、いろいろと苦労はあったものの、身に余る幸せをいただくことができました。その恩返しをしなければ罰が当たります。

それから十年近くが過ぎ、四十歳を目前にした私は、再び政治家への転身を真剣に考えるようになりました。もちろん不安はあります。

ようやく安定した生活を捨てて政治家になることが、果たして夫として、父親として正しい選択なのか――。正直言って悩みました。そうした悩みも含めてヘレンに相談したところ、彼女は前向きに考えてくれるようになりました。そして何度も何度も真剣に話し合った末に、ヘレンは「うん」と頷いてくれたのです。

これで自らの人生の方向性は定まりました。

やすしさんに出馬を伝える

昭和六十一年三月二十四日、吉本興業本社で記者会見を開き、参議院選挙への出馬表明をしました。やすしさんに出馬を打ち明けたのは、その三週間ほど前のことでした。

「じつはな、私、次の参院選に立候補しようと思うんです」

出馬を決めた理由を説明しました。

「いままで何十回と施設慰問に行かせてもらったけれど、福祉をやっている事業者にも〝いい事業者〟と〝そうでもない事業者〟があることが分かってきたんです。中には利用者のことなど二の次で利益を出すことしか考えない事業者もいました。窓ガラスが割れているのに新しいガラスを入れるわけでもなく、ビニールを貼っただけの寒い部屋がある施設もある。政治家が知らないそんな問題を取り上げて、政治の力で解決していきたいんや」

我が家にはヘレンの母と、私の両親がいて、高齢の親をサポートしてくれる妻と家族を支えてくれるような社会の仕組みが必要だと痛感したこと。これからは子どもからお年寄りまで目配りをした福祉が必要なこと。芸人として世に出て、多くの方々に応援していただいたのだから、これからは恩返しをさせてもらいたいと考えていることなどを説明しました。すると、やすしさんはこう言ってくれたのです。

「そりゃええこっちゃ。ワシも応援するわ！」

第一声は岡田青果店の前で

選挙運動初日の〝第一声〟をどこにするか――。

いくつかの候補地が出ましたが、私の中ではある場所に決めていました。大阪市港区の繁栄商店街にある岡田青果店の前です。高知から大阪に移ってきた小学生の私が、最初にアルバイトをさせてもらった八百屋さんです。

すでに触れましたが、芸人になってからも近くを通る用事があれば寄らせてもらい昔話に花を咲かせていた、私にとっては第二の故郷、いや第二の実家のような場所です。私が社会に出た最初の地であり、初心に帰って自分を見つめ直すのには一番の舞台だと考えたのです。

ただ、このお店は商店街の中にあります。商店街にはいろいろなお店が軒を連ねていて、それぞれで様々な意見をお持ちの方がご商売をされています。そのため「商店街」として許可することは難しい――というお返事をいただきました。

すると、岡田青果店のご主人から連絡がありました。

「商店街としては許可できなくても、うちが許可すればうちの店の前で演説することくらいはできる。小さいころから頑張って働いてくれたんや。うちの前でしゃべってくれ」

ありがたい申し出に涙が出そうになりました。

その後ご主人は亡くなられたのですが、いまでもおじさんと三輪トラックで奈良の農家に買い出しに行った時のことなどが鮮明に思い出されます。行きは助手席に乗っていき、帰りは野菜と一緒に荷台に乗り込み、大切な野菜が落ちないように押さえつけながらお店に帰ってきたものです。

ご主人の計らいのおかげで、私の選挙運動は「岡田青果店前」からスタートすることができました。

「小さなこともできません」

初めての選挙戦は、失敗の連続です。何しろ選挙運動の経験がない素人ばかりの寄せ集めですから、うまくいくはずがありません。

ある日の朝八時。大きな駅の前で選挙カーの中から支援を呼びかけます。車には私と妻のヘレン、運転手さんとウグイス嬢が二人、それに私のマネージャーがマイクを調整するミキサー役として乗り込んでいます。

ウグイス嬢も初めての選挙運動なので緊張していたようです。

「おはようございます。西川きよしでございます。立候補するのは今回が初めてでございます。初めてなので大きなことはできませんが、小さなこともできません……」

極度の緊張状態に置かれた人間は、思いもかけないことを口走るものですね。

お嬢さんはすっかり恐縮してしまい、「すみません」「ごめんなさい」と謝っています。

そこで私が慰めます。

「大丈夫。間違いは誰にでもあることだから気にしないで。でも、ここはちょっと恥ずかしいから次の場所に移りましょう」

じつはこのやり取りがマイクを通じて車の外に全部流れていたのです。いまとなっては笑い話ですが、思い返しただけで赤面してしまいます。

「小さなことからコツコツと」はそもそも、次のような訴えの中で生まれたフレーズです。

「わたくし西川きよしにとって今回が初めての選挙です。初めてですから大きなことはできません。空港や高速道路を作ったりということはわたくしにはできません。でも、そんな西川きよしにも、福祉の領域ではできることがあるはずです。大きなことはできませんが、小さなことからコツコツと頑張っていきます」

特に原稿を準備したわけでもなく、ふと口をついて出た表現なのですが、周囲のみんなが「ええ言葉じゃないですか」と言ってくれて、いつしか私のキャッチフレーズになりました。なんだか不思議な気分です。

でもこれ、二宮金次郎さんも言っているんです。「積小為大《せきしょういだい》」といって、小さなことも積み重ねていけば、いずれ大きなことを成し遂げることができる――という意味なんだそうです。

選挙はいろんな人たちとの出会い

選挙運動中はいろんなことが起きるものです。

ある町の一方通行の道を走りながら支持を呼び掛けていたのですが、出口が分からなくなって同じところをぐるぐると回ってしまったのです。すると家の修繕をしていた大工さんに「うるさい！　漫才師は漫才だけやっとけ！」と叱られてしまいました。お詫びをして場所を離れようとするのですが、一方通行が複雑でどうやっても同じところに戻ってしまう。困りきっていると先ほどの方が近づいてきました。また叱られるのかと思ったら、こう声をかけられました。

「いろんな候補者が来よったが、ここをこれだけ何度も丁寧に回ったのはあんたが初めてや。応援したるわ」

選挙運動というのは悲喜こもごもです。いろんな風景といろんな人たちに会えるのです。

北島三郎さんからの言葉

最初の選挙では、北島三郎さんからのご恩も忘れがたい思い出です。新聞で私が参議院選挙に出馬することが報じられた後、北島音楽事務所から連絡をいただきました。

ちょうど北島さんの大阪公演があり、後援者の方々が集まる会に出席してもらえませんかとお声がけをいただいたのです。

当日、会場の後ろの方で大人しく立っていたのですが、一カ月公演の成功祈願で鏡開きをする段になると、壇上に来て並ぶように言われました。おずおずと畏《かしこ》まって、私も木槌を持ち樽酒の蓋に振り下ろした後に、北島さんがこうおっしゃってくださったのです。

「西川きよしを、どうぞよろしくお願いいたします」

この時、北島さんという人は、なんと心の温かい方なんだろうと骨身に沁みて感じたことをいまも覚えています。

過酷な選挙戦

駅前のように人通りの多い場所は、組織力の強い陣営が先に確保しています。そのため、私らのような新参者が後からのこのこ出て行っても、簡単に場所を取ることはできません。おとなしく前の方の演説が終わるのを待つしかないのです。

私の演説中に厳しいヤジが飛んでくることもよくありました。福祉の話をすると、「その財源はどこから持ってくるんだ！」というヤジが飛び、その背後にいる女性たちが一斉に拍手をしたり、「そうだそうだ！」と声を上げたりする。

悪質ないたずらもあります。選挙事務所の前に動物の死骸を置かれたこともあれば、夜に選挙運動を終えて帰ろうとすると、ずっと誰かに後を付けられたこともあります。

嫌がらせやいたずらの電話はひっきりなしにかかってきます。「家族もいるんだから命は大切にしろ」といった脅しの電話もあれば、「千票持っているから〇〇万円で買わないか」といった詐欺話も持ち掛けられます。そしてちょっとでもこちらの対応が気に入らないと電話口で激高する。これらに対応いただいたスタッフのご苦労を思うと、今でも本当に頭が下がります。

最大の敵は「暑さ」

選挙で一番堪《こた》えたのが「暑さ」でした。参議院選挙はいつも夏の七月に行われます。炎天下で選挙カーに乗っていても、窓を閉めるわけにはいきません。もし窓を閉めてエアコンで涼しそうにしている候補者がいたら、外で汗を拭きながら歩いている人たちの反感を買うだけでしょう。窓を開けて、有権者とじかに触れあうことが選挙運動の第一歩なのです。とはいえ、できることなら桜の季節や涼しい秋風の吹く時期に選挙があれば……と何度も思ったものです。

妻のヘレンなどは選挙があるたびに七～八キロほど体重が減ると言っていました。「エステティックサロンよりも効果があるわ」などと冗談を言っていましたが、彼女の献身的な応援には本当に感謝しています。

長男の忠志、次男の傑志《ひろし》（タレント時代の芸名は「弘志」）は、最初の選挙の頃はまだ十八歳と十六歳。運転免許も持っていなかったので、ポスターに選挙管理委員会のシールを貼る作業を熱心に手伝ってくれました。シールを貼ると言っても、ポスターだけで一万三千枚もあって大変な作業ですが、嫌な顔をせずに一所懸命に手伝ってくれました。末っ子のかの子は小学六年生だったので、選挙中は淋しい思いをさせました。学校が休みの日には選挙事務所に来て遊んでいましたが、その後大学では秘書の勉強をして、三期目の選挙ではウグイス嬢をやってくれました。

そんな中、笑福亭鶴瓶さんが応援に駆けつけてくださった際には、暑さにやられてしんどくなっている私の肩を選挙カーの中でほぐしてくださったなんてこともありました。

私らのような小さな組織だと、ポスターを貼るだけでも大変な労力になります。「ポスター貼りを手伝います」なんて電話がかかってくると本当にうれしかったものです。あの時、お電話をくださった大阪府民のみなさま、本当にありがとうございました。

五木ひろしさんの応援演説

出馬することになって、真っ先に連絡をいただいたお一人が五木ひろしさんでした。

「西川さんが出馬をされるお気持ちを聞かせてくれませんか?」

とおっしゃっていただきました。

そんなありがたいお声がけをいただいた私はすぐに出向かせていただき、自分の福祉への思いや、これまで応援していただいた方々へ恩返しをしたいという考えを、ご説明させていただきました。

すると、五木さんは、

「西川さんの思いがよくわかりました」

と言ってくださり、選挙期間中には時間をさいて大阪まで応援演説に来てくださいました。

あの時は、天王寺駅前の歩道橋がこわれるのではないかと心配になるほど多くの方に来ていただき、本当にありがたかったです。感謝しています。

五日遅れのバースデーケーキ

昭和六十一年七月七日が開票日でした。私は朝からテレビ局が用意したスタジオにカンヅメにされて、開票の行方を見守っていました。

すると、開票作業が始まってから十五分ほどしたところでＮＨＫのスタッフの方が私のところに来て、こう言ったのです。

「当選確実です。おめでとうございます。カメラの前で万歳をしてください」

でもホワイトボードを見ると、まだ数千票しか開いていません。後になって間違っていたら恥をかくのはこっちなのでお断りしました。

結果として支援者の方々の前で万歳をしたのは、それから数時間後のことでした。報道各社のインタビューに答えて、自宅に戻りました。一足先に帰っていたヘレンと子どもたちが出迎えてくれました。そして、五日前の誕生日に子どもたちが作ってくれていたバースデーケーキを一緒に食べたのです。

このケーキ、もし落選したらヘレンと二人で食べようと話し合っていたのですが、結果として子どもたちも一緒に五人で食べることになりました。その分一人当たりのケーキは薄くなってしまいましたが、この時のケーキの味を私は一生忘れることはありません。

かの子は私の大好きな紅茶のティーバッグをケーキが入った箱のふたの裏に貼りつけてくれていました。もし落選してケーキを食べたらのどを詰まらせるかもしれないと思った――というのですが、その気遣いには涙がこぼれました。

一方、ヘレンは、あまり多くを語りませんでした。

「よかったね」

でも、この一言に彼女の言葉では言い表せない思いが凝縮されているのが私には分かりました。何しろ十年前に選挙に出たいと打ち明けた時には、相手にもしてくれなかった彼女が、今回は選挙カーに乗って駆けずり回ってくれたんです。心の底から喜んでくれている気持ちが伝わってきました。

いまも忘れない年配男性の言葉

私の最終獲得票数は百二万二千百二十票でした。あの暑い中、これだけ多くの方々が投票所に行って「西川きよし」と書いてくださったのです。

そもそも私の基礎票は五票しかありませんでした。私の両親とヘレンのお母さん、それにヘレンと私の五票です。当時はまだ選挙権を持たない子どもたちを除くと、我が家には有権者が五人しかいなかったのです。

そんな候補者に百二万人以上の方が投票してくれた――。本当にうれしかったです。

私が当選したというニュースは、「ニューヨーク・タイムズ」にも載ったそうです。何でも「お笑い芸人が選挙を制した」と書かれていたそうですが、選挙に当選することで、急に世界が広がることを知り、うれしさよりも驚いたものです。

結果としてトップ当選となりましたが、票が開くまでは勝算などはありませんでした。

投票日の降水確率は七〇パーセント、朝起きたら空は曇天です。雨が降り出したら組織票を擁する大政党に有利に働くもの。組織の「そ」の字も持たない私には、絶対的に不利です。

私の両親は開票前に、こんなことを言っていました。

「ワシらはこんにちまでずいぶん幸せにしてもろた。潔、ありがとね」

どう考えてもこれは落選した息子を慰めるコメントにしか聞こえません。どうやら私の両親は、息子が選挙に受かるとはこれっぽっちも考えていなかったようです。

実の親ですら当選するとは思っていなかった選挙に受かってしまったのですから、それからの生活の変化は大変なものでした。

十八日間の選挙運動の中で、一つ忘れられない出来事があります。大阪の平野区を選挙カーで走っていた時のことです。一人の年配の男性に声をかけられました。

「六年の任期の間に、一つでも実績を残せるかどうか、まあやってみることだ。政治の世界はそんなに甘いものじゃない。でも、一つでも実績を残すことができれば、次もみんながあんたに入れてくれるから……」

正直言ってその時は、まだ受かってもいないのに二期目のことを言われても……という気持ちでしたが、実際に議員になって働くようになってからは、あのおじさんの言葉がつねに頭の隅にありました。

やすきよ漫才復活

当選から二カ月後の九月、やすしさんと私はうめだ花月で「やすきよ漫才復活」を宣言し、再び舞台に立つことができました。やすしさんも私も漫才をすることがうれしくてたまらないという表情で、じつに生き生きとしていたと思います。

きよし「刑務所や裁判所を見せていただいていろいろと勉強になります」
やすし「わざわざ選挙に受かって裁判所回りと刑務所回りかいな。それやったらワシのほうがよほど詳しいやないか。次はワシも選挙に出ようかな。目指すは法務大臣や」
きよし「えっ？　法務大臣になって何するの？」
やすし「決まっとるがな。全国の刑務所を解放するんや」

このネタがウケたのは、私が法務委員会に配属されていたこともあるのかもしれませんが、やすしさんにしか言えないネタだったからでしょう。

やすしさんへの弔辞

平成八年（一九九六年）の一月二十一日、横山やすしさん、本名木村雄二さんは、帰らぬ人となりました。

一月二十四日、吹田市にある千里会館で行われた葬儀では、私が弔辞を読ませてもらいました。

〈自分（やすしさんのこと）、ワシが泣いてると「キー坊、泣いたらあかん。しかしよう泣くな。どこにそんな涙があるねん」て言うてたな。ワシも昨日までは泣けへんかったけど、さっき漫才のビデオ観たらおもろい漫才やった。自分でもおもろいと思う。おもろいと思たら泣けてきたわ。

若い時は「人生山あり谷あり」て言われてもようわからんかった。でも、ホンマに「山あり谷あり」やということを、自分に教えてもろたわ。

初めて喫茶店で会うたとき、「ワシ自分と漫才せな困んねん。頼むで」言うたな。最初っから強引やった。

昭和四十一年にコンビ組んで、四十二年に新人賞もろて、二人でいろんな賞もろたな。それもこれも自分のおかげや。ワシも頑張ったけど、自分のおかげや。

コンビ組んで五年目やったかな。京都の交番の前で背広がボロボロになるまで殴り合うたの覚えてるか？　何であの時、お巡りさん止めてくれんかったんやろな。たぶん二人とも漫才に対して真剣やったから止めれんかったんやと思うわ。

テレビも冷蔵庫もみんな月賦で、これから頑張ろうというときに、自分が事件起こして目の前が真っ暗で、二年四カ月の判決受けて、自分一升瓶持ってワシの家に来たな。ワシの嫁さんと三人ですき焼き食うて、「キー坊、ワシのことはええから別の人と漫才やれ」て言うてくれたな。でも、ワシは待ちたかったんや。ずっと待った。待ってよかったわ。

帰ってきたらプロポーズ大作戦とかのええ仕事もろて、そしたらまた事件や。吉本の人も「新しい相方見つけて漫才しいや」て言うてきて。

そやけど売れるきっかけ作ってくれたんは自分や。「そんなことできません」言うたら「それやったら自分もクビや」て言われて。

「岡八朗と組んで、奥目と出目とで漫才やれ」言われたときは、ワシもそうしよかと思うたんや。でも待った。待ってよかったわ。

二歳年下のワシが言うのも何やけど、自分ほんまに憎めんかったわ。それは本当、自分の人徳や。

自分よう怒ってたな。なんでそんなに怒るのかと思うくらい。でも、自分がなんで怒ってるのか、ワシ全部知ってたで。

もうゆっくりしいや。何にも考えんとゆっくりしいや。ワシもなるべくそっちには行かんようにするわ。ゆっくりしいや。ほなな……〉

第九章

歴代総理からの言葉

平成16年（2004年）、三期務めた参議院議員を引退。

西川きよしが参議院議員として議員活動をスタートした昭和六十一年（一九八六年）、政界では新自由クラブの解散や、日本社会党（現・社民党）で土井たか子氏が委員長に就任するなどの出来事があった。この年の流行語は「亭主元気で留守がいい」で、レンズ付きフィルムの「写ルンです」が発売された頃である。

七月二十二日、前日まで天気がぐずついていた東京は、この日も雨こそ降らなかったが雲の多い空模様だった。

四十歳の誕生日を迎えて二十日目のきよしは、国会議事堂正門前に立った。中学校の修学旅行以来、四半世紀ぶりに訪れる国権の最高機関は、きよしのその〝大きな目〟にも収まりきらないほどの威圧感をもって迫ってくる。

きよしの政治家としてのスタートは、過去に経験したことのない緊張の連続で始まった。

「師匠、ナカソネさんからお電話です」

私の参議院議員としての初仕事は、首班指名でした。

天皇陛下をお迎えして開会式が行われた後、速やかに首班指名が始まります。

政党に所属する議員は、自分たちのボスに投票することになりますが、無所属の私は選んで投票しなければなりません。初日早々の「無所属議員の洗礼」です。

私はそれまでの言動や実績を十分に考えた末に、これからも引き続き首相をやってもらうのがいいだろうと考えて、自民党総裁・中曾根康弘さんに票を投じました。

その日はそれだけで終わり、大阪の自宅に戻りました。お風呂に入っているとき、一本の電話が鳴りました。

「師匠、ナカソネさんという方からお電話です」

と弟子が取り次いできました。

以前歌番組でご一緒した仲宗根美樹さんの事務所かな……と思い、

「もう一度、どなたか聞いてきて」

と伝えたところ、また弟子が扉の向こうから声をかけてきます。

「師匠、総理大臣の中曾根だとおっしゃってますが……」

その言葉が終わらぬうちに風呂から飛び出した私は、体も拭かず、パンツも穿かずに受話器を握りしめました。

「はい、西川きよしです」

「ああ、わたくし、内閣総理大臣・自由民主党総裁の中曾根康弘と申します。本日は首班指名で私の名前を書いていただき、ありがとうございました」

現役の総理大臣から電話がかかってきたことにまずびっくり。次に総理が電話を掛ける時は正式な肩書を二つとフルネームを名乗ることを知ってまたびっくり。そしてしばらく経ってから、首班指名で自分に入れた無所属議員の私にお礼の電話をすることを知って、あらためてびっくりしたのでした。

それにしても、電話を通してとはいえ、現役総理と全裸で会話したことのある人間はそうはいないと思います。結果としてこの電話のやり取りが、私にとって初登院日最大の思い出となったのでした。

有権者の方からのハガキ

議員生活三期十八年で、私は三百五十回ほどの国会質問をさせてもらいました。質問の回数が多いと、有権者の方からの手紙も多くなります。毎月たくさんのお手紙が全国から寄せられました。そして、この手紙こそが、議員としての私の生命線となるのです。

私のテーマは「福祉」です。そうなると、企業や自治体からの陳情よりも、普通に暮らしている高齢者や障がい者、言ってみれば「生活者」の声に耳を傾ける必要があります。

ポリオ生ワクチン二次感染者救済の道を開拓できたのは、その苦しさを訴える手紙がきっかけです。何らかの罪を犯して逮捕・起訴された障がい者の障害基礎年金支給がストップする制度の見直しにも取り組みました。犯罪はいけませんが、健常者の犯すそれとは事情が異なることを、やはり手紙をきっかけに勉強したのです。

有料道路の重度障がい者割引制度拡充も、きっかけは手紙でした。

障がい者本人が運転する車は有料道路で割引制度が適用されるけれども、重度の障がい者を乗せた車を健常者が運転している場合、割引にならなかったのです。それで建設省や道路公団に行って話をしてもなかなか解決策が出てこない。それこそ小さなことからコツコツと取り組んでいたら、最終的に重度障がい者が同乗する健常者が運転する車に対して、有料道路の割引制度が適用されるようになったのです。これなどは本当に〝一人ぼっちの願い〟だったので、決まった時には本当にうれしかったものです。

福祉政策のヒントのいくつかはラジオ番組からもいただきました。浜村淳さんが司会の「ありがとう浜村淳です」（ＭＢＳラジオ）で、週一レギュラーとして長年お世話になっています。番組でリスナーからのお便りが紹介されるのですが、その中には福祉制度の穴を指摘するお悩みもあります。こうしたお便りを浜村さんに相談にのっていただいたり、政策を考える上で、非常に参考となり、国会で質問する時にも役立ちました。

ちなみに浜村淳さんとは今でも毎週楽しく、ラジオでご一緒させていただいています。私が出馬を決めたとき、選挙期間中は番組出演が出来なくなることから、当時務めていた「素人名人会」の司会を交代してくださったのも浜村さんでした。そのお礼のためにヘレンと浜村さんのご自宅を訪ねると、玄関先で失礼しようした私たちを上げてくださり「当選祝いをしましょう」とシャンパンを抜いてくださったのです。まだ出馬を決めたばかりで、当選も何もないときでしたが、楽しい時間をご一緒させていただき、とても勇気づけられたのを覚えています。

そして、もう一つ印象に残っているのが「高額療養費制度」の改正です。

その月にかかった医療費が一定の額を超えると、超えた額が払い戻される制度ですが、これが完全な「月割り」で、一連の治療でも月をまたいでしまうと翌月の一日分からまたあらためて算定される制度だったのです。これだと、月の下旬に入院して翌月の上旬に退院する患者さんのケースでは制度が適用されない。これも制度の不備を丁寧に説明して、修正することができました。

縦割り行政

霞が関に勤める官僚の数がどれだけいるのかは知りませんが、あれだけの数の人がいれば、中には高齢者や障がい者のご家族を持つ人もいることでしょう。ふだんは政権のために働く人たちでも、一方では生活者の側面も持っているはず。そこに私が何度も何度も通って話をし、訴えかけることでこちらの気持ちが通じることはあるんだということを、経験的に学んでいったのです。

「現況届」といっても、いまの方はご存じないと思います。

以前は年金を受け取る際に、「私はいまも元気に生きているので年金をお支払いください」という書類を、それぞれのお住まいの役所に年に一度提出するルールがありました。

これは誕生日までに本人が役所に持参して提出する、という決まりになっているのですが、暑い沖縄で八月生まれのおじいちゃんや、寒い北海道で二月生まれのおばあちゃんは、役所に届けを出しに行くのも命がけです。言い換えれば、これは国が高齢者を虐待しているのと同じことでしょう。関係省庁が横の連絡を取り合えば簡単に済むことなのに、縦割り行政の弊害がこんなところにも及んでいたのです。

こんな制度は廃止すべきだ、と動き出したのですが、「役所間のカベ」は私などが考える以上に厚く高くできていて、なかなか話も聞いてもらえません。それでもあきらめることなく何度も何度も通ううちに「お話はお聞きします」という対応に変わり、次第に真剣に耳を傾けてくれるようになり、最後にはこの現況届は本人が持ち込まなくてもＯＫ、郵送でも可、ということになったのです。いまは住民基本台帳ネットワークシステムの情報で本人の状況を確認しています。

また年金では、もう一つ粘り強く訴えたことがありました。当時は、年金支給日が休日と重なると、週明けにずれ込む仕組みでした。しかしそれでは、週末にせっかく子どもや孫が遊びに来ても、お年寄りは小遣いをあげたり、食事に連れて行ったりといったことがしにくい。そんな悩みを聞いた私は、せめて週末に年金の振り込みを前倒しできるよう何度も国会で質問させていただきました。数年がかりにはなりましたが、なんとか制度を修正することができました。

役所に通って勉強

私は初当選から三年間は法務委員会に所属し、その後の十五年間を厚生委員会（現・厚生労働委員会）で過ごしました。そのため最初は法務省、次は厚生省（現・厚生労働省）に行って勉強することになります。現場のことをこと細かく理解されている課長補佐や係長クラスの官僚に面会を申し込み、いろいろなことを教えていただきました。

何しろこちらは新米議員なので、質問と言っても素人同然の初歩的なことから教えてもらわなければなりません。当然それだけ時間もかかり、また面会の回数も増えることになります。

ただでさえ忙しい官僚の方々が貴重な時間を作ってくださるのは、本当にありがたいことでした。

まだ議員生活の浅いある日の厚生委員会ではこんなこともありました。大臣が委員会に数十分遅れそうだと、議会全体にお知らせがありました。その場にいた与野党、スタッフ、傍聴席の皆様が、突然のお知らせにザワザワし始めたときに、委員長が私にこう切り出されたのです。

「西川さん、ただ待っているのもあれですので、何か面白いというか、楽しいお話をお聞かせ願いますか?」

あまりにも突然の話でびっくりしましたが、他の皆さんも手を叩いて歓迎してくれています。私は緊張しながらも、おそらく国会史上初となる議場での漫談披露をさせていただきました。あの時は、お付き合いいただきありがとうございました。

新人議員の西川は、持ち前の愛嬌と礼儀正しさ、そして相手の懐に飛び込む大胆さもあって、先輩議員、それも「大物」とされる議員たちに可愛がられた。

しかし、中には有名人である西川を利用しようとする輩もいる。そうした思惑を秘めた者からは距離を置き、自分が目指す「福祉」の仕事に向けて走り回る毎日を送っていた。

そんな中でも西川にとって忘れられない「出会い」があった。議員にならなければ会うことも話すこともなかったかもしれない政治家たちとの触れ合いは、確実に西川を議員として成長させていく。

加藤紘一幹事長のカレーライス

国会に通ううちに、それまでテレビや新聞でしか見たことのなかった政治家の方々ともご縁ができていきます。最初に声をかけてくださったのは、平成七年の橋本龍太郎さんが総理の頃、自民党幹事長だった加藤紘一《こういち》さんです。

ある日国会の廊下で加藤さんとすれ違いました。こちらは二期目の新米なので、

「こんにちは！」

と元気よく挨拶をします。先輩に会った時は元気よく挨拶をする――というのは松竹家庭劇で石井均先生に弟子入りした時からの教えです。

すると加藤さんは私を見てニコッと笑い、こうおっしゃいました。

「ああ、西川さん。よろしくお願いします。一度幹事長室にいらっしゃい。美味しいカレーライスをご馳走しますよ」

ご招待されるのはうれしいのですが、私は自民党の幹事長室がどこにあるのかも知りません。

しどろもどろになっていると、続けてこうおっしゃいました。

「後ほどご案内をさしあげますので、お昼どきにいらしてください。美味しいですよ」

こちらも「美味しいお店」はいくつも知っているつもりです。いくら自民党本部の幹事長室とはいえ、出されるカレーライスがなんぼのものかと、高をくくっていました。

ところが実際に加藤さんの部屋でいただいたカレーは、まさに空前絶後の美味しさだったのです。聞けばこのカレー、長い歴史があり自民党幹事長室が特別に作らせているスペシャルメニューなんだそうです。あの時の味は、感謝の念と供にいまでも覚えています。

橋本龍太郎さんのご配慮

総理になられる前の橋本龍太郎さんにも、とてもお世話になりました。最初は本会議場に入る前の廊下で声をかけていただいたのがきっかけです。

「選挙の戦いぶりをずっとニュースで拝見していました。福祉をおやりになりたいということで、お手伝いできることもあると思います。困ったことがあればいつでもお電話ください」

と見たことがないくらいの太字で書かれた立派なお名刺をいただきました。

まあこの時はリップサービスだろうと思っていました。でもそれから何カ月か経って、どうしてもわからないことがあったので、ダメモトで橋本さんの事務所に電話を入れると、秘書の方が出てこう言われたのです。

「あ、西川先生ですね。橋本から『ご用件を伺っておくように』と聞いております。何なりとおっしゃってください」

早速用件をお伝えしたうえで事務所に伺うと、こちらが知りたかった厚生省の担当者の名前と連絡先を教えてもらうことができ、スムーズに話を進めることができました。

私のような新人議員との約束を忘れないでいてくださっただけでなく、その後もいろいろと力になってくださる方でした。本当にありがとうございました。感謝。

ベテラン揃いの法務委員会

初めて法務委員会に出席した時は、日本共産党議長（当時）の宮本顕治さんと、民社党の関嘉彦《よしひこ》さんと並びの席でした。レジェンド二人と並んで座るだけでもド緊張でしたが、この関さんという人がとても親切な方で、やさしく話しかけてくださったのです。

「ここは年寄りばかりでしょう」

あらためて周囲を見渡すと、たしかに「三権の長」を卒業したような年配の方々ばかりです。

ここに入ると四十歳の私などはひよっこもひよっこ、赤ん坊みたいなものです。

当時の委員長は、その後自民党の参議院議員総会長を務められる遠藤要《かなめ》さんでした。宮城県出身で大正生まれの遠藤さんは、当時すでに七十歳を超えていました。その東北弁で法律用語を多用する。一方、私も早口の大阪弁でまくしたてるものだから、この二人の討論になると周囲の人たちには何を言い合っているのかが分からなくなるのです。

しまいにはこんなヤジが飛びました。

「この二人に通訳を付けろ！」

一方、本会議場では青島幸男さんの隣の席でした。私は無所属でしたが、院内会派では青島さんやコロムビア・トップさん、いずみたくさんらのいる二院クラブに入ったので、仲間のようなものです。

院内会派は所属する議員の数に応じて質問時間が決まってきます。議員が多いほど長く質問ができるのですが、二院クラブのような小さな会派はほんのわずかしか割り当てられません。それでも二院クラブのメンバーが自分の持ち時間の権利を譲ってくれたので、私は多くの回数の質問をすることができたのです。メンバーの皆さんには感謝の気持ちでいっぱいです。

全国から寄せられるたくさんの手紙やはがきは、私と秘書二人、つまり三人ですべて目を通し、対応を協議します。

その問題に詳しい人は誰だろう——と困った時は、秘書の中学生時代の恩師や、警察官になった友人など、まずは身の回りの人に訊ねて知識を学ばせていただきました。

消費税導入に賛成した理由

昭和六十三年（一九八八年）、私が初めて牛歩戦術を目の当たりにした〝消費税法案〟で国会が紛糾した時も、私はそうして自身の方向性を定めていきました。

秘書たちと相談の末に、私は消費税法案に「賛成」したのです。これとて私なりに考えがあってのことです。

消費税のような税金は低所得者層にかかるダメージが大きいのは事実だし、当時すでに「いずれは税率を上げていく」という話になっていたので、納税者の立場で考えれば反対するのはもっともな話です。でも、私が国会に出たのは福祉のため。福祉財源としての消費税は、やはり必要と判断したのです。そこはご理解いただきたい。

介護保険導入で揉めたときは、後に宮内庁長官になる羽毛田信吾さんと元人事院総裁の江利川毅さんにご尽力いただきました。初めてお目にかかった時、羽毛田さんは厚生省保健医療局の課長さんで、名刺交換のときにこうおっしゃったのを覚えています。

「私の頭ではなく名刺をご覧ください。〝ハゲタ〟ではなく〝ハケタ〟です」

このつかみのネタを聞いて以来、グッと親しい関係になることができました。

当然のことながら、新たに給与から天引きされる介護保険には、大半の人が反対意見を持っていました。

たとえ反対意見が多くても、それが福祉につながることで、いま困っている人たちの生活を少しでもよくできるのであれば、私は頑固一徹で働きました。私のそうした姿勢や行動を支えてくれたのは、間違いなく三度の選挙で私に票を投じてくださった、のべ三百万の有権者の皆様です。

平成七年（一九九五年）一月十七日、兵庫県の明石海峡を震源とするマグニチュード七・三の大地震が発生、これにより近畿地方を中心に広く西日本に甚大な被害がもたらされた。「阪神・淡路大震災」だ。

地震発生時に大阪の自宅は被害にあうも、妻のヘレンが作った大量のおにぎりや水などを携えて避難所に行く。そこで被災者の生の声を聞き、いま被災地で必要なものは何なのか、そして「必要なもの」は時間とともに変化していくことを知る。

そうした現地での経験を、国会での質問に落とし込んでいくことで、政治と現場との温度差を解消しようと努める。「現場主義の政治家」の姿がそこにあった。

土井たか子さんからの電話

冬の朝、阪神・淡路大震災が発生しました。

その日の朝、私は大阪の自宅にいました。

家は被害にあいましたが、ご飯を炊くことができたので、ヘレンは作れるだけのおにぎりを作って、水やオムツやミルクや老人用のパッドなども一緒に携え、娘のかの子と二人で、被害の大きい地域に持っていきました。

神戸の大学に通っていたかの子が裏道を知っていて、うまい具合におにぎりを避難所に届けることができました。そこで避難していた人たちに話を聞くと、「移動のための自転車が欲しい」という声をたくさんお聞きしました。これなどは現地に行かなければ分からない情報です。

吉本の芸人仲間と共に募金のために、なんばグランド花月の前にも立ちました。すると驚くべきことに、一時間当たり約百万円のペースで募金が集まっていきました。総額が七百万円近くに達したところで吉本興業が少し足して、一千万円を神戸市に届けたのでした。

私自身も少なからず被災者として、国会の演壇に立って当時の村山首相に質問をしました。

「いまこそ国が手を差し伸べる時ではないでしょうか」

当時の制度では家が倒壊して公道に倒れれば税金で補塡されるものの、倒壊が敷地内で収まっている場合は自己負担――となっていました。地震で家が倒れるのに、公道にはみ出すか敷地内で収まるかなんて、何の違いがあるのでしょうか。なぜそんな線引きがされているのか、私は腹が立って仕方なかったのです。

「いまこそ国が――」という訴えは、そんな私の怒りから出た言葉でした。

事務所に戻ると衆議院議長（当時）の土井たか子さんからお電話をいただきました。

「きよしさん、いい質問してたわね。もし力になれることがあれば、協力させてもらうからね」

土井さんも関西のご出身です。きっと私と同じ思いで被災地をご覧になっていたのでしょう。

細川護熙総理との鰻

思い返せば、私が国会に通った十八年間は、まさに「激動の時代」と呼ぶにふさわしい時期でした。内閣だけを見ても、中曾根康弘、竹下登、宇野宗佑《そうすけ》、海部《かいふ》俊樹、宮澤喜一、細川護熙《もりひろ》、羽《は》田孜《たつとむ》、村山富市、橋本龍太郎、小渕恵三、森喜朗《よしろう》、小泉純一郎――と猫の目のように変わっていったのです。「十八年で十二人の総理」には驚きます。

予算委員会が終わり部屋に帰ると、ある方からお電話がかかってきました。

「予算委員会お疲れ様でした。細川です。お時間があれば食事でもいかがですか」

「ありがとうございます」

「二人だけでは寂しいから、コロムビア・トップさんにもお声かけしていいですか」

「もちろんでございます。よろしくお願いいたします」

トップさんと細川総理ご指定の鰻屋さんに向かいます。

これといってどうという話をするでもなく鰻をいただき、お店の玄関先に出て来ると総理の番記者たちが待ち構えていました。

「総理からはどんなお話が?」

するとトップさんがびっくりすることを口にしたのです。

「疲れたから辞めたいと言ってたよ」

これには私も驚きました。

「そんなこと言ってないでしょう?」

慌てる私がそう言い終わるのを待たずに、記者たちは一気に散っていきました。

本当に私は細川さんが辞意を口にしたところを聞いていません。いや、もしかしたら私がトイレに行っている間に、トップさんにそう話したのかもしれませんが、それを記者に話していいものなのか……。

結局その直後、細川さんは辞職会見を開くことになります。

「何なんだろう、このスピード感は。これが政治の世界なのか……」

私は呆気にとられて会見を映し出すテレビを見つめていたのでした。

「続けなよ」と言ってくれた小泉純一郎総理

三期目が終わる半年前に、私は会見を開いて、次の選挙には出馬しないことを発表しました。今後はタレントと福祉の両輪で活動していくと宣言したのです。「議員は続けられても三期まで」と、私の中では最初から決めていました。

その後、テレビ中継も入った予算委員会中に、当時の総理・小泉純一郎さんから声をかけられました。

「辞めるのはもったいないよ。続けなよ」

本当にもったいないお言葉でしたが、私の気持ちは固まっていました。

私がタレントであることは事実ですが、ただ有名だというだけで国会に行くような〝タレント議員〟にはなりたくない。困っている生活者の声を聞き、政治でなければ解決できないことを確実に実現していく。そんな存在でありたかったのです。

それに十八年と言えば小学校に入った子どもが大学院（修士課程）を卒業するのと同じ年月です。そんなに長いこと勉強させてもらって、貴重な税金から歳費を出していただきました。これからは、国会で勉強したことを私なりに社会に恩返ししていきたい、そして世のため人のため「利他の精神」で一隅を照らす存在になりたい――。

小泉さんにはそんなことを、かなり熱っぽく語ったように思います。

小泉さんがまだ厚生大臣だったとき、訪ねていくと公設秘書の飯島勲さんが大臣室にご案内くださり、小泉さんと二人きりで福祉について勉強させていただいたこともありました。

黙って私の話を聞いていた小泉さんは、私の決意が固いことを理解して下さったようです。

政治も大切なのは〝誠意〟

国会を去ってから少し経つと、ようやく落ち着いて十八年間を振り返る余裕ができてきました。

私が国会で一番強く感じたことは、「福祉」という一つのテーマに対して、A党、B党、C

党と、政党ごとで考え方がまるで異なる——ということです。私は、障がい者も健常者も一つのバリアフリーの地域で仲良く助け合って暮らす社会「ノーマライゼーション」が理想だと思って取り組んできましたが、これがやってみるとなかなか難しい。介護を受ける側の人にも、A党がやってくれるなら受け入れるが、B党ならお断りだ、という人も多くて、結果として政策が前に進まないのです。

そんな時に私は、最初の選挙で声をかけてくださった大阪市平野区のおじさんの言葉を思い出すのでした。

「六年間で一つでも結果を出してみなさい。結果さえ出せば二期目、三期目も大阪の人間は票を投じてくれるで」

たしかにそうです。一つでも実績を出せば、それをチラシに書くことができます。

「あんなもの適当に書いてもわかりゃしない」

という人もいますが、大阪の人の共通の口癖があります。

「正味のところ、どないやねん」

私はそんな大阪の人たちに育てられました。

実際、国会議員としての西川きよしは、正味のところどうだったのでしょう。

ただ、国会で働いたことで確信したことがあります。それは「政治も結局は〝誠意〟だ」ということ。

自分の主張を国会質問を通して、誠意を込めて訴え続けていると、相手も次第に「西川は本気だな」と分かってくれて、具体的な法律作りに向けて動き出すのです。それは議員も役人も同じです。そうです、法律は誠意を込めて作っていくものなんです。

日本の福祉は、世界に比べてまだまだ遅れています。議員は辞めても、福祉にかかわる仕事は続けていこう――。

大阪に戻って、新たな闘志が湧いてくるのを私は感じていました。

第十章

家族がいてこその幸福

平成25年（2017年）に金婚式、2027年にはダイヤモンド婚式を迎える。

国会議員を辞めてお笑いに加えて舞台などの活動が増えると、そこでは新たな出会いもあった。特にそれまではあまり馴染みのなかった役者としてオファーを受ける機会も増えた。

同じように台本を覚えて喋る仕事とはいえ、漫才とドラマとではまるで別物——と語るきよしは、演技することに慣れるまで苦労をした。

女満別でめぐりあった一宿一飯の恩

私が議員を辞めた二〇〇四年の十月に出演したテレビ東京の「田舎に泊まろう!」では、忘れられない出会いがありました。ご存じの方も多いと思いますが、この番組は一切のアポイントなしで旅をして、そこで出会った人にお願いして泊めていただく、というなかなか難儀な番組です。

訪れたのは北海道の女満別《めまんべつ》。網走のとなりです。女満別空港から車に乗り、地平線まで続く一本道を走り続けます。そして霧雨が降る中、まさに「何もない場所」で降ろされてロケが始まるのです。同行するスタッフは、小さなハンディカメラを持った若いディレクターが一人だけ。クマが出てきても不思議ではない農道を、二人でただ歩いていきます。ようやく民家が見えてきたので、訪ねて行って「泊めてください」とお願いしたのですが、断られます。まあ無理もありません。

次に見つけた家でも断られたのですが、そこでは農家直営の売店を教えてもらうことができました。早速行ってみると、それは「道の駅」をうーんと小さくしたような無人店舗でした。よく街道沿いで見かける、みかんや白菜などを並べておいて、購入する人は料金箱にお金を入れて商品を持っていくというシステムのお店です。

「こりゃ、今夜はここで野宿かな……」

暗澹《あんたん》たる気持ちに塞いでいたところに、ある男性が現れました。棚に小ぶりのかぼちゃを並べ始めたのです。すでにあたりは薄暗くなってきました。このチャンスを逃すわけにはいきません。思い切って声をかけました。

「こんにちは！」

まるで指名手配の容疑者でも見つけたような目つきで私を凝視します。全身で警戒しているのが伝わってくるのです。私はその警戒心を解くために、カボチャの話をしました。

「こんな見事なカボチャを見たことがありません。ピカピカにするには、どうやって仕上げるんですか。ちょっと勉強したいので、おうちに寄らせていただけないでしょうか」

おじさんはあっさりＯＫしてくれて、ご自宅に連れて行ってくれました。でも、まだ宿泊の許可を得たわけではありません。

おうちに行ってみると、三世代の大家族が暮らしていたのです。座敷に上がらせていただき、かぼちゃの育て方をお聞きします。このエリアではこの番組が放送されていないため、番組の趣旨はご存じありません。私が本当にカボチャの育て方を勉強しに来たのだと信じ切っているのです。この状況で「今晩泊めてもらえませんか」と切り出すのは本当に勇気がいります。

それでもここに泊めてもらえなければ、さっきの売店に戻って野宿するしかなくなります。勇気を振り絞っておじさんに「泊めてください」とお願いすると、自分はもとより家族にも聞いてほしいとのこと。そこで奥様にあらためてお願いすると、最初は難色を示していましたが、ようやくＯＫをいただくことができたのです。

心づくしの夕食をいただき、お風呂にも入らせてもらい、本当に「人情の温かみ」を感じる経験となりました。

それ以来このご家族とは交流が続いています。お礼の品をお送りすると、それに対してお礼の品が返ってくる。まるで北海道に親戚ができたような気分です。

そして、まだ後日談があるのです。

番組収録の時に高校生だった息子さんが結婚することになったのです。私は祝電を送るからと言って披露宴の日時と会場をお聞きしておきました。そして当日、内緒で（といっても失礼になるといけないのでお父さんにだけは伝えておきましたが）、女満別を訪問しました。このサプライズには皆さんとても喜んでくださり、何時間もかけて訪ねた私も感慨深いものがありました。

ＮＨＫの朝ドラに出演

ある日、劇場の楽屋で親子丼を食べていた時のこと。

「今度、ＮＨＫの朝ドラに……という話があるんですけど」

とマネージャーが言いました。かつてＮＨＫの朝の連続テレビ小説に私が出たのは、三十年以上も前のこと（「鮎のうた」昭和五十四年。主演・山咲千里さん）。久しぶりの朝ドラということで、期待が高まりました。

今度のドラマは「マッサン」（平成二十六年九月二十九日スタート）といって、大正時代にウイスキーの醸造技術を学ぶためにスコットランドに渡った青年・亀山政春（玉山鉄二さん）と妻・エリー（シャーロット・ケイト・フォックスさん）の物語。私の役は、当時まだ本格的な国産ウイスキーのない時代に社員の亀山をスコットランドに留学させることを決意する、大阪の住吉酒造の社長・田中大作です。

初めて会ったエリーちゃんは、どことなく若いころの妻ヘレンに似ていて、すぐに打ち解けることができました。といっても彼女は日本語が話せません。日本語の台本を英語に訳し、それを今度は自分専用のノートに書き写していくのです。つまり、私らよりも二倍三倍の手間をかけてセリフを覚えていくのですが、そうした作業を彼女は面倒がらずに一所懸命にやっていました。

一度彼女のノートを横から盗み見したことがあるのですが、そこには「HON-MA DEK-KA?」とか「SON-NA AHONA!」などと書かれていて驚いたものです。

現場では終始アットホームな環境で撮影が進められました。とても楽しかったドラマ撮影でした。

芸人としての活動に比重を置くことになった西川きよし。それまでの激務から解放され、少しはゆとりのある生活を手にしたかに見えたが、まず、ヘレンの母を亡くした。その二年後には、父を亡くし、その後、楽をさせたいと念じてきた母までもが亡くなってしまう。

その寂しさに耐えるきよしを、前立腺がんという病魔までが襲っていた。命を残すことと引き換えに、「性機能」という男として最も大切なものを差し出さなければならなくなったきよしはうろたえた。

しかし、そんなきよしを背後からそっと支えたのは、やはり妻のヘレンだった。

立て続けに襲ってきた試練をようやく潜り抜けた時、きよしは妻との愛情が以前よりも深まっていたことに気づくことになる。

平成二十八年（二〇一六年）の元日、私の母親、西川清意が亡くなりました。

母親は以前から体調を崩して入院していました。前日の大晦日に、九州で飲食店を経営している次男の傑志が帰省したので、六人の孫たちと一緒に母親の病室に集まり、みんなで写真を撮りました。

そして家から持って行った料理をみんなでいただきました。母親はすでに周囲で何が行われているのかが理解できない状態でしたが、「大晦日に孫たちと一緒に食事をする」というセレモニーだと思って、料理を母親の口元に持っていきました。

そして翌日、元日の午後。またみんなで病院に行きました。今度は小さなおせち料理を持って、お正月のご挨拶です。

「おばあちゃん、あけましておめでとう！」

みんなで挨拶して、おせち料理を母親の口元へ運ぶと、私の気のせいかもしれませんが、ほんの少し、その料理を食べたように見えたのです。

「ああ、母親とお正月のお祝いができた」

そう思ってほどなく、母親は眠るように旅立っていきました。午後四時四十八分。享年九十五でした。

私のこれまでは、母親を元の幸せな生活に戻してやりたいという一心で頑張って来た人生でした。末っ子の私が生まれてからすぐに父親の事業は傾き、母親は大変な苦労を背負い込みます。それだけに「潔が生まれてからお母さんの体が弱くなった」と言われるのがとても嫌だったのです。

だからこそ私が母親を幸せにしてやりたい――。ずっとそればかりを考えてきた人生といっても過言ではないのです。

その思いはヘレンの母親に対しても同じでしたし、ヘレンもそう思っていたはずです。一つ屋根の下での親子四代の生活というのは、ヘレンも小さいころからの憧れだったそうです。これで少しは私も「女房孝行」ができたかなと思っているのですが、さてどうでしょう……。

実母と義母がケンカ

大家族は賑やかで楽しいものです。でも、大家族には大家族なりの問題も起きるものです。

そりゃそうですね。夫婦二人でさえトラブルが絶えないのに、それが十数人という規模に膨れ上がれば、問題が起きないほうがおかしいというものです。

でも我が家では、そうしたトラブルをことごとくヘレンが収めていくのです。

ある時、私がお店で飲んでいると、店員さんが私を呼びます。

「きよしさん、ヘレンさんからお電話よ！」

携帯電話のない時代に、何で私の居所を突き止めて電話をかけてきたんや？

その疑問は一旦置いておいて電話に出ると、ヘレンが困り切った声で訴えかけてくるのです。

「お義母さんとお母さんがケンカをしてるの。ミシンの置き場所で意見が合わなくて揉めてるのよ。助けて」

さすがにヘレンでも収拾がつかない問題もあるようです。

まあ、これとてケンカの原因は小さなことです。「ミシンをこんなところに置いて孫が転んで頭をぶつけたらどうするの」といったことから始まった言い争いなのでしょう。そもそもこうした小さないざこざは今回に始まったことではありません。やれ冷蔵庫の向きが悪くて使いにくいとか、孫におやつをあげすぎるとか、不満を口にし始めたらキリがないのです。いつもならそれをヘレンが上手になだめすかして一件落着となるのですが、たまに彼女の手に負えない諍《いさか》いに発展することがあるのです。

急いで家に帰ると、母親二人に向かってこう言いました。

「我が家の平和を乱すんやったら出て行ってもらいます。新しいアパートでも借りて住んでください。家賃は私が出しますから」

こうなると二人はおとなしくなります。

シュンとして私の話に納得した二人は、とりあえずの仲直りをして自分たちの部屋に戻っていきました。

やれやれ、これで一安心ですが、そこで思い出したのが電話の件です。ヘレンはなぜ私が飲んでいる店が分かったのでしょう。

彼女は過去に私が持ち帰った領収証を全部引っぱり出してきて、しらみつぶしに電話をかけていったんだそうです。その執念たるや恐れ入るばかりですが、彼女にそうさせるまで苦労をかけてしまった私も反省しきりです。

まあ、大家族はいろいろと大変なんです……。

鈴が鳴らなくなった我が家

三人の親のうち、最初に旅立ったのはヘレンのお母さん、百合さんでした。平成十四年（二〇〇二年）一月十九日のことです。元々華奢な人で食も細かったのですが、体調を悪くしてからはさらにやせ細っていきました。最後は体重が三十三キロにまで落ちていたんです。ただ、無茶食い、ドカ食いをしないからこそ長生きできたともいえます。九十三歳でした。

父親の西川義道はそれから二年後、平成十六年の七月二十八日に亡くなりました。

父親はヘレンのことがいたくお気に入りで、何かあると「ヘレンちゃん、ヘレンちゃん」と呼ぶのです。呼ばれたヘレンは「私はベルボーイじゃないのよ」なんて言いながら、それでも嫌な顔一つせずに下の世話をしてくれます。こうなると、もう実の父娘以上の関係です。

父親も、二人の母親も、家で寝ている時は部屋のドアを開け放しておき、寝る時には手首に鈴をつけておくようにしました。何かあれば鈴が鳴るので、それを聞いたら居室に向かうという仕組み。我が家ではこの鈴がナースコールの役目を果たしていたのでした。

親たち三人がいなくなった我が家は、だいぶ寂しくなりました。もうあの鈴が鳴ることもありません。

三人とも亡くなる直前まで自宅で過ごすことができたのは、ヘレンや息子のお嫁さん、そして娘のかの子たちのおかげです。もちろん私ら男たちもできることはしましたが、やはり我が家の場合、介護の担い手は女性になっていました。これはまさに日本の介護事情の縮図のようで、老親介護の問題点をまざまざと見せつけられる思いがしたものです。

セカンドオピニオン

母親が亡くなる前年、私の前立腺にがんが見つかりました。

初めは前立腺肥大を疑っていたんです。二年くらい前から就寝中に目が覚めて、トイレに行くようになりました。いま思えば前立腺肥大症も起きていて、その影響で膀胱《ぼうこう》の容積が小さくなり、頻尿になっていたのです。

私は暢気に考えていたのですが、ヘレンは大変な心配性です。半ば無理やりに人間ドックで検査をしたら、がんが見つかったのでした。検査では直腸越しに十四本の生検針を刺して組織を採取したのですが、そのうち三本の針にがん組織が付着していました。

診てくれたA先生は、この直後からアフリカに行くことになっています。すぐには手術ができないといいます。でも先生はこう言いました。

「西川さんのがんは、半年くらいは放置しても問題ありません。転移もしないでしょう。なので私がアフリカから帰ってきたら手術をしましょう」

「なんで転移しないって分かるんですか」

「長年の経験から来るカンですよ」

A先生とはそれ以前からお付き合いがあり、人柄もよく知っています。だから手術をするならA先生にお願いしたいのですが、そうなると半年後になります。

「もしどうしても手術を急ぎたいのでしたら、私の上司のB医師をご紹介します」

と言ってくれましたが、お付き合いのない先生に手術をお任せするのも不安です。

「さて、どうしたものか……」

悩んでいたら、A先生がこうおっしゃったのです。

「では、セカンドオピニオンを取ってみますか？」

セカンドオピニオンとは、A医師とは別の医師に客観的な意見を聞くこと。その意見を元に、半年待ってA医師の手術を受けるか、あるいは急いでB医師に手術してもらうかを考えることができます。

「そうします！」

と答えた私は、それまでの検査結果一式を携えてC先生の外来を訪ねました。A先生とB先生は大阪の病院に勤めていますが、C先生は東京の先生です。ただ、ご出身は関西のようで、初対面なのにとても明るく接してくれました。

「おおっ、西川きよしさんや！　ホンマもんのきよしさん見るの初めてです。若いころからやすし・きよしの漫才が大好きだったんです」

関西流の和ませ方をしてくれる先生に、それまで「がん」「ガン」「癌」という文字が頭から離れずに困っていた私も、少し落ち着きを取り戻すことができました。

C先生の病院で追加の検査を受けたところ、がんのうち一つは勃起神経のすぐ上にあることが分かりました。このがんを取るには勃起神経も取らなければならない。何しろ「勃起神経」というくらいなので、これを切除したら勃つものも勃たなくなるわけです。

がんを取るため、という理由付けはあっても、勃起しなくなる。言い換えれば「男性機能を失う」となると、思いは千々《ちぢ》に乱れます。

男・西川きよし、六十九歳のことです。

まあ、そうは言っても命が一番大事なことは事実なので、手術を受ける決心をしました。結局セカンドオピニオンを受けたC先生のところで手術を受けることに決めたのでした。

「切ってください」と即答

手術当日の朝。手術開始の三十分前にC先生が病室にやって来ました。

「今日はよろしくお願いします」

するとC先生の横にいた若い先生が付け足しました。

「勃起神経も切除しますが、よろしいですね?」

それについては決心したつもりでしたが、あらためてそう言われるとまた心が揺らぐのです。

「ああ、もう勃たなくなってしまうのか……」

この寂しさは女性にはご理解いただけないと思いますが、男性なら確実に共感してもらえるはずです。

「うーん……」

私が考え込んだ横からヘレンが、はっきりと大きな声で答えました。

「はい、切ってください!」

懸案事項はこれで解決しました。

「なんでお前が答えるんや!」

と言いかけましたが、考えてみたらヘレンの意見は合理的で正論です。いまさら子作りをするわけでもない私が、ここで悩んで勃起神経を温存したところで、何になるというのでしょう。彼女にしてみればお菓子の箱を結わえているリボンをハサミでスパッと切断する程度の感覚なのです。まあ、私の大切な勃起神経と〝お菓子のリボン〟を一緒にされるのは悔しいけれど、ここはヘレンの意見に従うことにしました。

手術は「ダ・ヴィンチ」という手術支援ロボットを使った最新の術式で行われ、トータルで五時間ほどかかりました。

手術は成功したのですが、術後の回復に手間取ってしまいました。手術の後は体力をつける目的で、なるべく早い時期から歩くように指導されます。点滴台を引っ張りながら病棟の廊下を二周三周と歩くのですが、私は歩くどころか立ち上がることができないのです。

術後二日目にしてようやく立ち上がることはできたものの、歩き出すことができません。体を動かそうとすると下腹部に差し込むような激痛が走るのです。数日経って乳母車のような器械を借りて、ようやく廊下を歩くことができましたが、これで本当に社会復帰できるのか——と不安になったものです。

結局、入院は十四日間に及びました。当初の予定より数日延びてしまいましたが、一つだけそれで得したことがあります。お尻に「おでき」ができていたのですが、回診で病室に来たC先生が、「これ取っちゃいましょう」といって、手早く切除してくださったのです。

おできを取った先生は私を見てニコッと笑い、こう言いました。

「これ、サービスです！」

おかげで前立腺もお尻のおできも、きれいに治ってしまいました。

ヘレンの先を見通す力

無事に退院した私は、いままでと違った生活が始まりました。

恥ずかしい話ですが、私も若いころにはヤンチャをしていた時期があります。ヘレンが浮気現場に踏み込んできたこともあります。大量の領収証の中から私がその日飲んでいる店を探して電話をかけてくるくらいの人です。浮気現場を押さえることくらい、赤子の手をひねるようなものなのです。

当時の話はかの子の書いた本『晴れときどき西川家　お笑い一家の事件簿』（世界文化社）に詳しく書かれていますが、なんで生まれる前の話を娘は知っているのでしょう。ヘレンに聞いたか、ヘレンのお母さんが話したのだろうと思います。

ただ、そこにはこんな風に書かれています。私がヤンチャしたのは、大家族の息苦しさから抜け出して、つかの間ホッとしたかったんだろう、って。そんな危機を乗り越えて、いまの私とヘレンがいるということに、深い感謝をしています。

手術をしてから、ヘレンと二人寄り添って暮らす中、夫婦間の信頼が前以上に高まったように思います。愛情がさらに深まったのです。先を見通す力を持つ人です。きっとそこまで見据えたうえで、私の手術を決断したんでしょう。本当にありがとう。

がん治療を克服し、タレント活動に専念できるようになった西川きよし。がんをテーマにした番組を担当することとなり、同じがん患者との交流も生まれた。そうした中で、新しい生き方にも気づくようになったという。そして、いまもテレビ、ラジオ、そして舞台にと忙しい毎日を送っている。

たくさんの方からのメール

退院から数日後の二〇一六年二月、私は舞台に復帰しました。復帰はしたものの腹筋が弱ってしまったので、大きな声が出ません。仕方なく胸にピンマイクを付けての舞台復帰です。大きな声を出そうとすると腹筋が痛い。でも、大きな声を出さないとお客さんは笑ってくれない。痛みを我慢しながら大きな声を出す。結果としてこれがいいリハビリになったようです。腹も減って食欲も戻ってきました。

私が前立腺がんだと発表された時、最初にメールをくれたのがダウンタウンの浜田雅功《まさとし》さんでした。

「ビックリしました。早く治して現場復帰してください。待ってるぞ、目玉」

他にもたくさんの方からメールをいただきました。みんなが〝笑い〟で私に元気を贈ろうとしてくれているんです。うれしかったですね。

一年間ほど、「前立腺がんとむきあう、がんの学校」（ＴＢＳラジオ）という番組も持たせてもらいました。番組には前立腺がんの患者さんや体験者の方からたくさんのお便りをいただきましたが、その中にこんなお手紙がありました。

「病気のことは娘や息子には言っておらず、女房にだけはうち明けました。すると女房がこっそり娘に話してしまったのです。日頃から私は娘とあまり言葉を交わさない頑固おやじでしたが、その私に娘がやさしく接してくれるようになったのです。こんなにやさしくしてもらったのは初めてのことで感激しました。親子っていいものだとしみじみ思います」

この方はご近所にも前立腺がんの体験者が何人かいたそうで、いまでは患者仲間同士が時々連れ立って居酒屋に行くようになったそうです。「俺はああだった」「私はこうでした」と自分の体験談を話し合っていると、いつしか若いころにやったイタズラ話になって盛り上がるんだそうです。

間寛平さんとは前立腺がん仲間

この番組はなるべく暗くならないようにしたかったので、最終回には前立腺がんの先輩である間《はざま》寛平さんをゲストとして招きました。これがメチャクチャに面白かったんです。

彼とは長いお付き合いですが、その考え方、生き方が底抜けに明るくて面白い。

寛平さんは二〇〇八年に「アースマラソン」といって、その名の通り地球を自分の足で走って一周する企画に挑戦します。その途中で前立腺がんが見つかるのですが、普通ならここで企画は中止します。ところが彼は医師の判断のもとで走り続け、二カ月間の放射線治療の間を休んだだけで、ついに完走してしまうのです。

そんな彼がリスナーに向けて贈ってくれた言葉があります。

「世の中、何があっても大丈夫よ～！」

寛平さんを見ていると、本当にそう思えてくるから不思議です。これまで「小さなことからコツコツと」でやって来た私ですが、今後は「何があっても大丈夫よ～！」の精神も取り入れて生きていこうと思った次第です。出演いただき、そして多くの方を勇気づけていただき本当にありがとうございました。

いまでは昔に比べれば時間に余裕ができました。若いころは家で食事ができないほどの忙しさです。そんな時、ヘレンは食卓に私の分の料理も用意して、子どもたちと一緒に「いただきます！」と言うようにしていました。そうすることで私が働いていること、その稼ぎでこうして美味しい食事が食べられることへの感謝を意識づけさせようとしていたのでしょう。

まあ、見ようによっては〝陰膳〟のようでもあります。

「まさかご飯に箸を立ててないやろな」

なんて言って笑い合ったものです。

テレビをつければ私が映っている。自分たちの親がいて、子どもたちがいて、内弟子たちもいる中で、この家の主はやすしさんと漫才をしている……。母一人子一人で育ったヘレンは、せめて自分の子どもたちには〝父親〟の存在をアピールしたかったのかもしれません。それはヘレンにとって、とても大切な教育法だったのでしょう。

弟子から議員になった小川君

私の弟子の中で変わった男がいます。小川ひさし君というのですが、いまは埼玉県の県議会議員をしています。四年ほど内弟子修業をさせて、「西川ひさし」という名前で漫才デビューもしましたが、私が議員になってからは政策秘書をやってもらいました。

自分の弟子を褒めるのも何ですが、彼は内弟子時代からどんな仕事もこなせる子でした。その意味で彼は、弟子であり、部下であり、良き相談相手でもあったのです。

私が議員時代に「これを調べておいて」とA案を見せると、B案の資料も取り寄せて持ってきてくれる気配りができる人間なのです。だから、とても助かりました。

「ああ、こいつは感性が豊かなんだな。相手の気持ちが分かる人間なんだな」

と感心したことが何度もあります。

弟子を自分の家族と同じ家に住まわせて育てることに私が意味を見出すのは、この「相手の気持ちを察する人間」になってもらうためなのです。家族が多ければそれだけ気配りも大変になります。誰か一人だけのことを考えていたのでは他の人をしくじってしまう。目配りと気配りができる人間に育ってほしい。そうすることでいろんなお客様を大切にすることにつながるのです。そのためには大家族の中で一緒に暮らすのは最適の環境だと私は考えています。

この考えは、お笑いの世界でも政治の世界でも共通する部分があると思っています。

ヘレン江

最後に、私の人生において最も感謝している妻のヘレンに言葉を残しておきたいと思います。

ヘレンを最初に見たのは、すでに彼女が人気芸人として舞台でスポットライトを浴びている姿でした。そんなヘレンは新米芸人の私にとって眩しいばかりの存在でした。

それが、この本にも書きましたように、ひょんなことから親しくなり、いつの間にか同棲していました。当初は六畳一間のアパートぐらし。そこに坂田利夫さんも転がり込んできて、貧しいながらもにぎやかな生活でした。

幸いにも、その後はやすきよで忙しい毎日となりました。ただ、休む間もなく日本各地を飛びまわっていたので、ヘレンには家庭を任せきりにして、ずいぶんと苦労をさせてしまったと反省しています。

それでもヘレンは家庭を守ってくれました。そして私が参議院選挙に出たときには、全力でです。私を支えてくれました。私が仕事に打ち込めたのは、ヘレンがいつもそばにいてくれたからです。

我が家は私の両親だけでなく、ヘレンの母も同居していました。いまでは三人の親は亡くなりましたが、ヘレンはそれまで全員を介護してくれました。父親は胃を悪くして、寝たり起きたりの生活、母親は認知症を患い、ヘレンのお母さんも長く寝たきりの生活でした。

その高齢者三人の面倒を見るのは、壮絶な苦労だったことでしょう。ヘレンも一時期は更年期障害が出て、大変な思いをしていました。もう感謝しかありません。

「人間はこんなにも人を愛することができるのか」

「人生をかけて、お世話をしてくれる人がいるものなのか」

と思うほど結婚当時と変わらぬまま、いまもヘレンは、同じ気持ちをもってくれています。

彼女が扁桃腺炎で熱を出さなければ、一〇〇%結婚していなかった我々夫婦ですが、実はヘレンと一緒になる前、神様から、

「きよしとヘレンが一緒になるのであれば力になってあげます。真面目に努力をすれば、いつか一緒になってよかったと思える、そんな時をプレゼントします」

とささやきが聞こえてきたのを覚えています。
一つ屋根の下で暮らし始めて五十七年、残る人生は、いままでの彼女の苦労をねぎらっていけたらと思います。本当にありがとう。私はヘレンの「素の寝顔」が大好きです。

二〇二三年五月吉日

西川きよし

ヘレン江

西川きよし（にしかわ　きよし）

1946年、高知県生まれ。1963年、喜劇役者・石井均に弟子入りし、後に吉本新喜劇に移る。66年、横山やすしと漫才コンビ結成。翌年、上方漫才大賞新人賞受賞。70年、上方漫才大賞を受賞し、77年、80年にも受賞。86年、参議院選挙に大阪選挙区から立候補し、トップ当選。2004年、参議院議員を連続三期務めて政界引退。14年にNHK連続テレビ小説「マッサン」、18年に同「わろてんか」に出演するなど、活動の場を広げている。16年に旭日重光章受章、20年には漫才師として初めて文化功労者として顕彰された。

小《ちい》さなことからコツコツと
西《にし》川《かわ》きよし自《じ》伝《でん》

2023年（令和5年）6月30日　第1刷発行

著　者　西《にし》川《かわ》きよし
発行者　大松芳男
発行所　株式会社　文藝春秋
〒102―8008 東京都千代田区紀尾井町三―二三
☎〇三―三二六五―一二一一（代表）
印刷所　理想社
製本所　大口製本

定価はカバーに表示してあります。
万一、落丁・乱丁の場合は小社製作部宛お送り下さい。
送料小社負担でお取替え致します。

ISBN 978-4-16-391674-3